당신이 부자 되는 방법은
따로 있습니다

당신의
돈
기질

YOUR MONEY
Personality

부와 행복에 이르는
비밀의
문을 여십시오

당신의 돈 기질

YOUR MONEY
Personality

Liz Koh_저 | 정동훈_역

 프로방스

Contents
차례

당신이
부자 되는 방법은
따로 있습니다.

돈 때문에 삶이 맘대로 되지 않는다고 생각하십니까?

돈 때문에 고통 받고 계십니까?

돈 때문에 불편하거나 불행하십니까?

돈 때문에 배우자나 가족과의 관계에 문제가 생겼나요?

돈만 있으면 모든 문제가 해결될 것 같습니까?

당신의 돈 문제는 당신과 돈과의 관계를 이해하는

것으로부터 답을 찾아갈 수 있습니다.

여러 아이들에게 같은 문제를 주고 해결하는 모습을 보면 어떤 아이는 상

황에 쉽게 적응하고 익숙해 지는가 하면 어떤 아이는 매우 힘들어 하는 모습

을 볼 수 있습니다. 다른 상황에서는 또 다른 모습을 볼 수 있습니다. 물론 대부분의 분야에서 탁월한 아이들이 없는 것은 아니지만요.

아이들의 미래를 탐색할 때 매우 중요하게 고려해야 하는 것은 그 아이가 가지고 있는 기질적 특성이나 관심분야, 재능, 가치관 등입니다. 각자 아주 독특한 특성을 가지고 있다는 것입니다. 그래서 지금은 중고등학교에 진로 전담선생님이 배치되어 위와 같은 독특한 특성을 고려한 진로 지도를 하고 있습니다. 아이들과 우리 사회의 미래를 위해 꼭 필요한 것이지요.

돈에 관한 부분에서도 비슷한 경우를 볼 수 있습니다. 어떤 사람은 아주 세심하게 계획하고 관리하여야 편하지만 어떤 사람은 그럴 경우 답답함을 느낍니다. 우리가 만나는 재정관리 전문가들의 제안을 들여다보면 체계적이고 전문적이며 빈틈없이 잘 정리되어 있습니다. 그런데 그런 제안서를 보고 깊은 신뢰와 실천의지를 가지는 사람이 있는가 하면 머리가 아파오고 도대체 꼭 그렇게까지 해야 하나 생각하는 사람도 많습니다. 왜 그럴까요?

각자 가지고 있는 돈과 관련된 기질적 특성을 무시하기 때문입니다. 실제로 재정관리 전문가들의 제안대로 실천하여 바라는 목표를 달성하는 사람이 그리 많지 않다는 사실에서 알 수 있습니다. 능동적인 행동을 유발할 수 없다는 것이지요.

돈 문제는 단지 계획과 실행이라는 기계적 조합에 의해 해결되지 않습니다. 그리 단순하지 않다는 것입니다. 각자의 돈과 관련된 기질적 특성을 고려하지 않은 계획과 실행은 별 의미를 갖지 못하고 또 다른 좌절이나 안일한 의식만 낳게 되지요.

누구나 같은 방법으로 돈을 관리하는 것은 불가능합니다.

이 책은 기질과 체질을 공부하면서 20년이 넘는 동안 해왔던 돈과 관련된 일에 한계를 느끼게 되었고 방법을 찾던 중 우연히 만나게 되었습니다. 처음에는 우리에게 널리 알려지고 한의학 등에서 적용하고 있는 사상체질과 돈과의 관계를 정리하여 방법적 대안을 제시 할 생각이었습니다. 그러나 많은 사람들을 통한 임상적 데이터를 수집하는 작업은 쉬운 일이 아니었습니다. 그래서 외국의 사례를 찾다가 이미 많은 책이 소개되고 있는 것을 알게 되었고 그 중 가장 단순하면서 쉬운 이 책을 번역 출간하게 되었습니다.

이 책은 단순하고 쉽습니다. 그러나 단순한 만큼 전하고자 하는 메시지는 강력합니다. 다만 정서적으로 우리의 현실을 그대로 반영했다고 보기 어려운 부분도 있습니다. 이 점에 대한 깊은 이해는 독자들의 몫 입니다.

향후 보다 발전된 형태의 대안이 제시되어 모든 국민이 돈으로부터 자유로워지는 풍요롭고 행복한 사회가 되길 기대해 봅니다.

장성 소소원에서 **정동훈**

이 책을 접하게 된 당신은 행운아입니다

직접 구입하거나, 친구에게 빌렸거나 어떠한 경로를 통해서든 이 책을 접하게 된 당신은 행운아입니다. '살아가는 데 필요한 돈이 많았으면 좋겠다'는 당신의 욕망을 단순한 꿈이 아닌 현실로 만들어 줄 수 있기 때문입니다. 당신은 이미 당신이 원하는 길로 접어들었습니다. 시작이 반입니다. 돈 기질을 이해 한다면, 그리고 어떻게 관리하고 투자할 지 저의 조언에 따른다면, 스스로 이룰 수 있는 것들에 대해 놀랄 것입니다. 이 책은 단순한 '그림의 떡'으로서의 지식이 아닌, 고객과의 상담에서 얻었던 경험들을 바탕으로 쓰게 되었습니다. **특별한 사람들이 아닌, 바로 당신과 같은 평범한 사람들 말입니다.**

이 책이 당신의 삶을 곧바로 바꿔주지는 않습니다. 그러나 이 책은 여러분의 자산을 형성할 수 있는 새로운 방법을 찾을 수 있게 도와줄 것이며, 자산을 관리하는데 있어서 스트레스와 걱정을 덜어 줄 것입니다.

당신이 얼마나 일을 할 수 있고, 얼마나 돈을 갖고 있었느냐에 따라 축적할 수 있는 자산의 크기는 달라질 것입니다. 물론, 다 그런 것은 아니지만요. 당신이 돈에 구애 받고 싶지 않다면, '돈에 대한 태도를 어떻게 가져갈 것인가?' 는 매우 중요합니다. 마치 게임을 하는 것처럼 말이지요. 필자는 몇 십 년 동안 사람들을 상담하면서 깨달은, 자산의 축적 과정에서 가장 중요한 요소라 할 수 있는 돈의 속성을 이야기할 것입니다.

'부자가 되는 법' 에 대한 책들은 이미 많이 쓰이고, 읽혔습니다. 어떤 사람들은 굉장히 많은 관련 서적을 읽고 세미나에 참석하지만 책과 세미나가 지속적으로 도움이 되지는 않았습니다. 그 이유는 사람들이 자산을 형성하는데 있어서, 그들이 가지고 있는 돈에 대한 개인적 기질의 중요한 역할을 고려하지 않았기 때문입니다. 이는 매우 중요한 것입니다.

당신이 돈을 대하는 태도는 다음과 같습니다.

돈에 대한 태도, 사용하는 방법 등은 주변의 다른 사람들, 특히 부모님 또는 가까운 가족들로부터 습득하게 됩니다.

어렸을 때부터 지금까지 돈을 계속 사용합니다.

당신의 삶의 단계 (성장기, 청년기, 중년기, 장년기 등등)에 따라

달라집니다.

당신의 돈에 대한 기질을 알기 위해서는 '돈을 어떻게 모을 것인가?' 뿐만 아니라, '모은 돈을 어떻게 관리 할 것인가?' 까지도 이해하는 것이 중요합니다.

이 책에서는 돈과 자산을 다루는 것뿐 아니라 우리 인생의 목표를 달성하는 방법에 대해서 다룰 것 입니다. 돈은 목적이 아닌 수단입니다. 돈은 궁극적인 목표가 될 수 없습니다.

대다수의 사람들은 축적된 재산을 기준으로 삶을 평가합니다. 왜 그럴까요? 우리는 돈을 벌기 위해 열심히 일하지만, 우리가 원하는 삶으로까지 연결하기에는 한계가 있습니다.

몇 년 전부터, 저는 한 고객(죠지)을 상담하고 있습니다. 그는 최근에 은퇴했으며, 매우 성공적인 사업가였습니다. 처음 유럽에서 뉴질랜드로 이민을 왔을 때 그의 주머니에는 단 돈 몇 푼도 있지 않았습니다. 끊임없는 노력으로, 그는 인생의 목표였던 100억 원을 모을 수 있었습니다. 은퇴 후 그는 자신의 사업을 정리하여 좋은 집을 구입하였고 90억 원을 은행에 예치하였습니다.

그의 인생을 성공한 것이라고 생각하십니까? 결코 그렇지 않습니다. 너무 돈을 모으는 것에만 집중한 나머지 그는 돈을 쓰는 것에 대해 공포를 느낍니다. 이 습관은 자산을 지키는 것에만 도움을 줄 뿐입니다. 은퇴 후 2년이 지나도록 그는 자신이 모은 자산을 가지고 자신이 무엇을 하고 싶은지 알지 못했습니다. 현재의 그에게 큰 고민거리입니다. 단순히 은행에 저축해 놓는 것이 돈을 안전하게 지키는 것에는 도움이 되지만 이자가 낮다는 것을 알고도 어떻게 해야 할 지 방법을 모릅니다.

그러면 어떻게 해야 죠지에게 도움이 될까요? 그는 돈을 목적으로만 생각했기에 자신의 부로부터 얻을 수 있는 최대한의 이로움을 고려하지 않았습니다. 그렇기 때문에 가능한 것을 하지 못하는 위험에 처하게 된 것입니다.

죠지가 첫 번째로 해야 할 일은 자산을 이용할 수 있는 방법을 먼저 생각해 보는 것입니다. 충분한 돈이 있을 때 어떤 것들을 할 수 있을까요?

당신의 삶에서 돈의 목적에 대해 스스로 명확한 정의를 내리고 있다면 무엇을 얻고 어떤 것을 하고 싶은지 쉽게 결정할 수 있을 것입니다. 또 당신에게 어떻게 돈을 관리해야 하는 지에 대해 동기 부여가 될 것입니다.

당신의 삶을 바꾸고 싶다면 행동을 바꾸어야 합니다.

당신이 항상 하던 일을 계속한다면, 당신은 항상
같은 결과를 얻게 될 것입니다.

사 례

헬렌과 존은 연간 1억5천만 원의 수입을 벌어들임에도 불구하고 금전적 문제로 다투다가 저와 상담하게 되었습니다. 이들은 많은 부동산 관련 부채, 두 아이의 사립학교 교육비, 매년 떠나는 해외여행과 많은 외식비용 등이 문제입니다. 그들은 버는 것보다 지출이 많았습니다.

결혼한 지 15년이 넘었음에도 헬렌과 존은 돈을 각자 관리했으며, 이 때문에 본인들에게 생긴 문제에 대한 책임을 서로에게 떠넘겼습니다.

또한, 가지고 있는 돈에 대한 생각이 서로 달랐습니다. 존은 매우 보수적인 성향으로 대출금에 부담을 느끼고 있었으며 이를 줄여야 한다고 생각합니다. 그는 큰 집, 호화로운 삶보다는 소박하게 빚 없이 살면서, 일주일에 4일만 일하며 나머지 시간에 스스로의 문학적 재능을 발전시키고 싶어합니다.

헬렌은 생각이 완전히 다릅니다. 그녀는 아이들에게 최상의 환경을 만들어 주고 싶어합니다. 명망 있는 이웃들 옆에서의 훌륭한 교육 환경과 크고 편안한 집을 원합니다. 정기적인 해외여행 또한 필요합니다. 그녀는 가난하게 자랐기 때문에, 자신은 아이들에게 똑같은 고통을 물려주고 싶지 않습니다. 헬렌은 부채가 부담스럽긴 하지만, 아이들에게 나은 환경을 제공하는 것이 더 낫다고 생각합니다.

존과 헬렌의 의견 차이는 갈수록 심해졌습니다. 극적인 변화가 없다면 그들은 이혼을 할 지도 모릅니다. 예산을 세우는 것 보다 그들은 먼저 사용해야 할 돈부터 적어놓습니다.

이들의 문제를 해결하기 위해서는 먼저 스스로의 돈에 대한 태도부터 이해하고, 어떻게 간극을 좁혀 나갈 것인가를 생각해야 합니다. 두 번째로 그들이 진정으로 원하는 것을 실행하기 하기 위해 얼마가 필요한지를 알아야 합니다. 세 번째는 행동을 통하여 삶을 바꿔야 합니다.

책에서 헬렌과 존이 어떻게 변화했는지 방법을 얘기할 것입니다. 당신은 스스로 돈에 대해 좀 더 현명해 질 것이며, 당신의 목표에 따른 가장 적절한 방법을 배우게 될 것입니다. 삶에서 중요하게 생각하는 것을 스스로 찾게 될 것이며 이를 위한 전략을 세울 것입니다. 또 당신의 배우자가 당신과 다른 생각을 갖고 있다면 함께 해결할 수 있는 방법을 좀 더 쉽게 찾을 수 있도록 도와줄 것입니다.

기억하십시오. 당신이 더 집중할수록 원하는 것을 더 많이 찾을 것입니다. 원하는 만큼 바뀔 것이며, 그 만큼 위험도 줄어들 것입니다. 아마 단순히 은퇴 후 많은 돈을 가지고, 값비싼 물건을 돈 걱정 없이 구입하길 원할지도 모릅니다. 또는 10년 이내에 10억 원 모으는 것을 목표로 할지도 모릅니다. 어떤 것이 되었든, 이 책은 어떻게 하면 얻을 수 있을 지 당신에게 알려 줄 것입니다.

시작하기 전에 당신의 말, 행동 등이 변할 필요가 있습니다. 지금부터 시작해 볼까요?

자, 준비되셨습니까?

돈과 기질

재무설계사로서, 저는 다양한 경제적 환경의 사람들을 만나고 재정적 상담을 하였습니다. 일부는 매우 부유했고, 또 일부는 하루 하루를 힘겹게 살아가고 있는 사람들도 있었습니다. 확실한 것은, 돈을 얼마나 버느냐에 따라 부자가 되는 것은 아니란 사실입니다. 가장 부유한 은퇴 고객들이라 해서 평생 동안 수입이 그렇게 많은 편은 아니었습니다.

수입이 부자가 되는 것과 관계가 없다면 어떤 느낌이신가요? 물론, 복권에 당첨되었다든지, 엄청난 상속재산을 물려받는 다든지 하는 행운을 얻는 사람도 있습니다. 하지만 대다수 사람들에게는 심리적인 요인이 '얼마나 부자가 될 수 있는지' 를 결정합니다.

쉴리와 로버트의 예를 들겠습니다. 50대 초반의 교수 부부로 집에는 부채가 없으며, 은퇴자금으로 상당량의 돈을 축적해 두었습니다. 최근 해외 여행을 다녀왔으며 아이들에게 교육자금을 지원하고 있습니다.

무엇이 이들을 현재의 편안한 삶으로 이끌었을까요? 안정적인 삶과 부채를 싫어하는 그들은 집에 대한 부채를 가능한 한 빨리 갚기를 원했습니다. 자녀들이 성장하면서 좀 더 큰 집으로 옮겼고 부채 또한 다시 생겼습니다. 역시나 빠른 시간 안에 빚을 청산했지만, 갑자기 그들은 이내 닥칠 은퇴 후 삶에 대해 걱정이 되기 시작했습니다.

저의 또 다른 고객 얀은 돈에 대한 생각이 다릅니다. 몇 년 전 얀은 남편으로부터 거액의 이혼 위자료를 받았습니다. 그 당시 그녀는 평범한 집에서 거주했으며 경제적으로 어려움을 겪고 있었습니다. 돈이 생기자, 얀은 새 집을 구입하고 아이들을 위해 돈을 씁니다. 돈을 축적하기 위해서가 아니라 주변 사람들과 자신이 행복하게 살기 위한 환경을 만들기 위해 일합니다. 비록 그녀의 월급은 많지 않았고 새 집을 마련하기 위해 많은 돈을 사용했지만 그녀는 삶을 즐기기 위해 돈을 지불하는 것을 아까워하지 않습니다. 그녀에게는 행복한 삶 자체가 훨씬 더 중요하기 때문입니다.

모든 사람들이 벌어들인 돈으로 행복한 생활을 영위하지는 못합니다. 부동산 중개업자인 쥬디는 매월, 매년 변하는 소득에도 일정 수준의 소비를 유지합니다. 그녀는 벌어들인 만큼 사용합니다. 비록 좋지 않을 때를 대비해서 돈이 필요하다는 것은 알고 있지만, 돈을 쓰지 않고는 견딜수가 없습니다. 그녀는 큰 돈을 벌었을 때 귀금속 구매, 해외 여행 등으로 스스로에게 상을 줍니다. 현재 그녀는 50대이며, 부동산 대출금의 압박으로 좀 더 저렴한 집으로 이사하거나, 앞으로 남은 많은 날들을 일하면서 보내야 합니다.

고객들을 상담하면서, 그들의 성향을 분류할 수 있었고 여기서 돈 기질에 강력하게 영향을 주는 두가지 요인을 알게 되었습니다.

당신이 자산을 축적하고자 하는 욕망의 정도
당신의 위험 감수 수준

먼저, 욕망을 이야기하겠습니다. 자산을 축적하고자 하는 강한 욕망이 없다면, 당신은 부자가 될 수 없습니다. 또한 자산을 축적하고자 하는 강한 열정은 명확한 삶에 대한 비전의 유무와 밀접한 관련이 있으며, 당신의 의지와도 연결됩니다. 부자가 되고 싶어하는 사람들은 자산의 축적그 자체를 목적으로 삼습니다. 동기 부여는 힘과 성공으로 이끌어 줍니다. 이러한 욕망이 때로는 다른 사람을 도와주기도 합니다.

동기부여가 되기 위해서는 당신이 성공해서 얻고자 하는 것이 명확해야 합니다. 성공은 당신이 얼마나 명확하고 열정적인 목표를 가지고 있느냐와 돈을 관리하는 확신의 정도에 따라 결정 됩니다.

부자가 되고 싶어하는 사람들은 그들의 삶이 매력적이라고 생각할 수 있는 만큼의 돈이 필요하다고 느낍니다. 때문에 그들은 자산을 축적할 수 있는 기회를 찾으려고 노력합니다. 그들은 삶을 긍정적으로 바라보는 경향이 있으며, 고난을 극복할 수 있다고 생각합니다. 한계는 없다고 생각하지요.

얻고자 하는 자산의 양이 중요한 것이 아니라, 갈망하는 크기가 더 큰 영향을 미친다는 것을 상기 해야합니다. 이 둘은 서로 필연적으로 연관되어 있습니다. 성공의 의미는 단순히 양적인 부분만 의미하는 것은 아닙니다. 질적인 부분이 더 중요합니다.

부자가 되기 위해서는 더 많은 위험을 감수해야 합니다.

두 번째로, 위험에 대한 태도입니다. 수익과 위험은 공존합니다.

삶을 영위하는 한, 우리는 위험에 처하게 됩니다. 일상생활(빨래하기, 운전하기, 운동하기, 길 건너기 등등)에서도 항상 위험에 노출되며, 만약 이를 통계화시킨다면 당신은 하루 종일 침대에만 있으려 할 지도 모릅니다.

다행스럽게도, 사람들은 노출되는 위험에 비해 일상적인 삶을 살아가는 것에 더 큰 의미를 두고 있으며, 이를 당연한 것이라 생각하고 크게 의식하지 않습니다. 이는 돈을 다룰 때에도 같습니다.

돈을 모으기 위해서는 위험을 이해하고 관리할 필요가 있습니다. 위험을 극도로 싫어하는 사람은 일반적으로 돈을 주의 깊게 관리하고, 돈을 잃는 것에 대해 걱정합니다. 빚은 가능한 한 피하려 하며, 돈과 관련해서는 다른 사람을 믿지 않는 경향이 있기 때문에 은행 등 안전하다고 생각되는 곳에만 돈을 맡깁니다.

물론, 대부분의 사람들은 위험을 싫어합니다. 대개, 가족에게 직면하는 위험들(월급이 작다든지, 은퇴를 한다든지)을 피하고자 노력합니다. 반대로, 우리가

- 나이가 어리거나, 부양해야 할 가족이 없거나
- 아직 일할 수 있는 충분한 나이에 부양가족이 없는 경우, 독립가구인 경우등은 위험을 회피하고자 하는 정도가 덜합니다.

이 시기가 부를 축적할 수 있는 좋은 기회라 생각합니다.

다시, 고객의 예로 돌아가겠습니다. 쉴리와 로버트는 부를 축적하고자 하는 욕망이 강하며, 은퇴자산을 충분히 모으고자 합니다. 하지만, 부를 축적 하는데 있어서 높은 수준의 위험은 감수하려 하지 않습니다. 단지 많이 모으고 위험은 적당히 감수하려 합니다.

반면에 얀은 부자가 되고 싶어하는 욕망의 정도가 낮습니다. 좋은 집

에서 아이들을 충분히 지원하는 것이 더 중요합니다. 얀은 현재도 그렇지만, 앞으로도 크게 본인의 재무구조에 대해 신경 쓰지 않을 것입니다. 길게 보기 보다는 당장의 앞선 일에 더 신경 씁니다.

쥬디는 나이가 먹어서인지, 지출에만 충실했던 그녀가 자신의 미래재정적 상황에 대해 걱정하기 시작했습니다. 하지만 습관을 바꾸긴 매우 어렵습니다.

'어떻게 하면 부자가 될까?' 를 주제로 다루는 책이나, 재무설계사들은 이와 같은 고객들의 성향을 종종 무시하는 경향이 있습니다. 그들은 모든 사람이 돈에 대해서 똑같이 접근하려 한다고 가정합니다. 이러한 이유로 상황에 맞지 않는 조언을 하기 때문에 많은 사람들은 스스로 좌절하고, 포기합니다.

당신이 스스로 돈에 대해서 어떻게 생각하는지를 이해한다면, 당신이 행복하고 부유한 삶을 위하여 바꾸어야 하는 것이 무엇인지 쉽게 알 수 있게 될 것입니다.

당신의
돈 기질을 어떻게
알 수 있을까요?

심리학자들은 성격을 구분하기 위해 많은 방법과 이론을 사용합니다. 당신은 아마 Myers-Briggs Type indicator, Friedman's Type A/B 등을 이미 접했을 지도 모릅니다. 사람들이 돈을 어떻게 생각하는지, 돈을 가지고 무엇을 하는지에 따라 당신이 스스로 갖고 있는 돈 기질을 굉장히 쉽게 찾아낼 수 있었습니다. 사람들이 돈을 관리하도록, 그리고 부자가 되도록 도와줬던 저의 경험을 통해, 크게 4개의 경향으로 나뉘는 것을 알았습니다.

그 4가지 타입은 다음과 같습니다.

축적가 타입

획득가 타입

사업가 타입

모험가 타입

　이 같은 속성은 자산을 축적하고자 하는 욕망의 정도와 위험감수 수준에 따라 결정 됩니다. 이를 도식화 하면 표와 같습니다.

　큰 수익률을 원하지 않고, 변동성이 적은 것을 원한다면 이는 축적가 타입입니다. 획득가 타입은 변동성은 적으나, 수익률이 높길 원합니다. 오른쪽 상단에 위치한 사업가 타입은 큰 변동성도 받아들일 수 있으며, 높은 수익률을 바라고, 모험가 타입은 수용 가능한 위험에 비하면 수익률이 그리 높지는 않습니다.

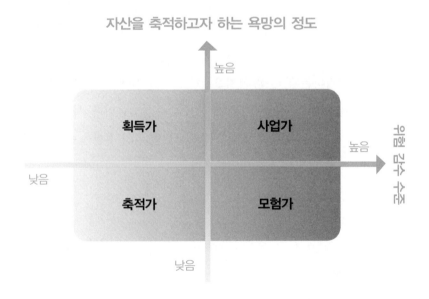

부의 창출을 위해서는 자신이 어떤 사람인지를 아는 것이 첫 번째입니다. 이는 돈을 이해하는 데 핵심 요소며, 어떻게 행동하는 것이 더 심리적으로 안정적인지 알 수 있습니다.

당신은 축적가 입니까?

축적가 타입의 사람들은 위험을 회피하고, 자산을 축적하고자 하는 욕망이 낮습니다. 이 타입은 일반적으로 스스로의 자산이 많든지, 돈을 벌어들이는 능력이 뛰어나야만 부자가 될 수 있습니다.

전형적으로, 축적가들은 신중하게 돈을 관리합니다. 지출 관리가 철저하고, 얼마가 있고 얼마를 사용했는지 정확히 알고 있습니다. 은행예금과 같은 안전한 형태를 선호합니다. 빚을 싫어하며, 매달 지불할 수 있을 정도로만 신용카드를 사용합니다. 원하는 물품을 구입할 때는 대출, 할부보다는 미리 돈을 모아서 구입하는 편이지요. 이들이 빚을 지는 경우는 부동산 구입 같이 어쩔 수 없는 경우뿐입니다. 축적가들은 그들의 수입에 만족합니다. 한 방을 노리기 보다는 천천히, 꾸준히 모아가는 편입니다. 투자 방법을 다른 이들에게 묻기보다는 스스로 신중히 결정합니다.

당신이 이 타입이라면, 꾸준히 은행에 돈을 차곡차곡 쌓아 놓긴 하겠지만 더 많은 부를 창출할 수 있는 기회를 놓칠 가능성이 높습니다.

당신은 돈을 좀 더 믿어야 합니다.

- 가능한 투자 방법이 더 있다는 것을 배워야 합니다.
- 믿을 수 있는 사람에게 안전한 투자 방법을 배우십시오.
- 조금은, 스스로 안전하다고 생각하는 곳에서 한 발자국 정도 나가
  보십시오.

사 례

버트와 앨리스는 80대의 금슬 좋은 부부입니다. 그들은 꾸준한 저축을 통해 어려운 시간들을 잘 이겨냈습니다. 버트는 성실한 공무원으로 일정한 급여가 있었고, 앨리스는 전업 주부가 되기 전까지는 근로자로 일했습니다.

버트의 인생 목표는 그의 가족이 부족함 없이 사는 것이었고, 이를 이루었습니다. 부부는 저축을 미덕으로 삼는 시대에서 자랐기에 아끼는 것 외에는 특별한 게 없었습니다. 주변 사람들이 조금의 부동산 부채가 있을 때에도 그들은 대출 없이 집을 구입했으며, 이는 가족에게 좋은 본보기가 되었습니다. 은퇴 이후에는 여행을 다니며 행복한 삶을 살고 있습니다. 부부는 물질적 가치보다는 정신적 가치를 선호합니다.

이 축적가 타입의 부부는 자신들의 돈을 매우 현명하게 관리했으며, 비록 큰 돈을 벌지는 못했지만 스스로에 만족하며 살았습니다. 버트는 그들이 추구하는 가치를 지키며 산 것에 자부심을 느끼고 있으며, 나중에 두 딸에게 물려 줄 큰 유산이 될 것입니다.

CASE STUDY 축적가

당신은 획득가입니까?

획득가 타입의 사람들은 상대적으로 보수적이지만 자산을 축적하고 삶에서 성공하려는 강한 욕망을 갖고 있습니다. 만약 당신이 이 타입의 사람이라면 돈을 관리하는데 있어서, 분석적이고 신중해야 합니다.

획득가는 일반적으로 교육 수준이 높거나, 머리가 좋은 편입니다. 고소득의 전문 직종이 많습니다.

사회적 지위를 생각하여 이들은 부와 명예를 상징할 수 있는 -교외의 비싼 집, 좋은 차, 비싼 사립 학교, 유명 브랜드의 옷, 해외 여행 등- 에 돈을 지불합니다. 영구적 가치가 있다고 생각하는 것에 투자합니다.

때때로, 이들은 분수에 맞지 않는 소비 습관을 갖는 경우도 있습니다.

당신은 돈을 지출하거나 부채를 증가시키지 않고
풍족함을 느낄 줄 알아야 합니다.

- 값비싼 명품 브랜드만이 아니라, 저렴하면서도 질 좋은 옷들도 있습니다.
- 전체 집을 다 꾸미지 마세요. 한두 개의 방으로도 충분합니다.
- 일류 식당에 가서 너무 많은 돈을 사용하기 보다, 가끔 커피와 디저트를 즐겨보세요.

사 례

제임스는 획득가 타입으로 30대 후반입니다. 그는 10년 동안 계속 연봉이 상승한 고소득 샐러리맨이며, 성과급도 받고 있습니다. 바다가 보이는 전망 좋은 집을 구입했으며, 나중에 시세차익을 받고 팔 수 있기를 기대합니다.

출퇴근 할 때마다, 최신의 차를 원합니다. 아이들에게는 새로 나온 컴퓨터, 비디오 카메라, 플레이스테이션을 제공해야 하고, 연 성과급을 주로 여기에 사용합니다. 돈을 아껴서 가족들과 함께 디즈니랜드를 가고자 하지만, 소비생활이   먼저입니다.

외벌이인 제임스는 버는 돈을 모두 사용합니다. 집을 꾸미면서, 대출금은 점점 커지고 있지만 크게 문제가 될 거라 생각하지 않습니다. 비싼 값에 팔면, 대출이자는 해결될 것이라고 여깁니다.

CASE STUDY 획득가

당신은 사업가입니까?

사업가는 'high risk, high return' 을 즐깁니다. 이들은 자산이 적고 월급이 적다 하더라도 성공할 가능성이 높습니다. 수입이 적다면 그것을 극복할 것이고, 수중에 돈이 없다면 주변 사람들을 활용합니다.

돈은 삶에서 선택 가능하며 스스로를 계발하기 위해 - 새로운 사업,

교육 등– 투자합니다. 사용 이상으로 돌려받을 수 있다고 생각하며, 이는 능력에 날개를 달아 부자가 되는 것을 도와줍니다. 하지만, 투자에만 집중한 나머지 부채가 늘어날 가능성이 높습니다. 극단적으로, 한 해에 10억 원을 벌어도, 그 다음 해에는 파산할 수도 있습니다.

사업가들은 주변 사람들의 이야기를 잘 듣습니다. 사업가 기질이 있는 사람이라면, 다른 부분을 볼 줄 아는 사람들을 주위에 둘 필요가 있습니다.

안전자산으로 모은 자산을 한 곳에 투자하여
손실을 입는 것을 피하세요.

– 모든 돈을 하나, 또는 두 개로 묶지 마세요. 다양성을 추구하십시오.
– 사업에서 개인 자산과 가족의 자산을 분리시키십시오. 또한 이것을 채권자로부터도 분리시키십시오.
– 항상 최악의 경우를 인지하십시오. 만약 일어난다면 손실을 최소화할 수 있는 계획을 세워놓으십시오.

사 례

리차드는 자수성가형 부자로, 전형적인 사업가 스타일입니다. 그는 15살에 학교를 그만두고 도장공 견습생으로 시작하여 그의 모든 시간을 여기에 쏟았습니다. 견습 생활이 끝날 때 즈음 정식으로 일자리를 잡을 수 있었습니다.

23살에 처음으로 집을 구입했습니다. 차를 팔고 대출을 받아 재원을 마련했고, 집을 재건축하여 많은 시세차익을 남겼고, 이를 이용하여 돈을 벌었습니다.

몇 번은 성공하고, 몇 번은 실패했습니다. 피자 배달부, 체육교사, 사설탐정 사무소, 건축 시공 사무소 등 여러 가지 사업을 벌였습니다. 돈은 벌고 잃기를 반복 했습니다. 돈이 없을 때는 없는 대로 살았습니다.

지금의 리차드는 부자입니다. 다시 도장공으로 살고 있고, 그의 꿈은 사업을 프랜차이즈화 시키는 것입니다. 공부를 제대로 하지 못한 대신 그는 간절하게 부자가 되길 소망했고, 위기를 극복했습니다.

CASE STUDY 사업가

당신은 모험가입니까?

모험가는 도박을 즐깁니다. 위험 자체를 즐기며, 부를 축적하기 보다는 새로운 위험을 찾습니다. 월급이 많다고 한들 그들에게 잠깐의 만족밖에는 되지 못합니다. 'Easy come, easy go'를 모토로 살아가며, 돈은 있으면 써야만 합니다. 신용카드는 한도까지 모두 사용합니다. 대출받아 해외여행을 즐깁니다.

당신이 모험가 성향이라면, 하루 밤 사이에 엄청난 돈을 사용할 수만 있다면 이를 즐길 것입니다. 가끔 불필요하거나 원하지도 않는 상품도 구입하지만 이 또한 재미있습니다. 획득가도 큰 돈을 쓰지만 이들은 자산의 가치가 지속 되는 것에 소비를 하며, 모험가는 잠깐의 만족을 위해서도 큰 돈을 사용합니다.

 돈이 바닥나고, 부채가 본인이 감당이 안 될 정도가 되어서야 후회하는 타입입니다.

지출을 줄이고 저축을 늘리세요. 지출은 저축 후에
하도록 하며, 빌리는 일이 없도록 합니다.

– 신용 카드 사용시 엄격한 기준을 두도록 합니다.
– 예산을 세워 수입, 저축, 지출을 구분합니다.
– 중, 장기 저축 계획을 세우고 실천하십시오.

사 례

맥신는 당장의 만족을 추구합니다. 많은 사람들과 교제 하기를 원하며, 예쁜 것들로 정원을 채워야 합니다. 소품들을 너무 많이 구입하여 집에는 여유 공간이 별로 없습니다. 창고가 터질 정도로 옷이 많지만, 그 중에서 입는 옷은 없습니다.

마치, 맥신의 수중에서 돈이 빠져나가는 것처럼 보입니다. 50대가 될 때까지도 집 대출금을 갚아나가기 위해 많은 돈을 사용합니다. 신용카드를 한도까지 사용하여 몇 차례나 돌려 막았습니다.

맥신은 향후에도 돈을 모으려 하지 않습니다. 순간순간 즐기는 것이 더 중요합니다. 미래를 두려워하지 않으며, 대출금의 압박으로 집을 줄여야 하지만 어떠한 경우에도 살아남을 수 있다고 믿습니다. 맥신은 모험가이기에, 돈은 장기적인 안정성 보다는 일시적인 만족을 주는 것이라고 여깁니다. 비록 수중에 돈은 없지만 그녀는 주변에서 가장 주위에 사람이 많고, 가장 행복하고, 가장 사교적인 사람 중 한 명입니다.

CASE STUDY 모험가

당신의 돈 기질은
어디서부터
유래했을까요?

이제 당신은 스스로의 돈 기질을 알게 되었으며, 아마 부모님과 배우자 등의 성향도 알게 되었을 것입니다. 당신의 돈에 대한 기질은 서로 다른 많은 것들에 의해 형성 됩니다. 이런 숨겨진 태도가 당신의 직업과 현재 자산의 크기보다 재정적 성공에 더욱 중요합니다. 돈을 대하는 태도에 따라 저축부터 직업 선택까지 많은 부분이 달라질 것입니다.

다양한 삶의 환경을 가진 고객들과의 상담 속에서, 태도에 따라 부의 축적과 유지가 굉장히 달라진다는 것을 알았습니다.

각자의 돈 기질에 따라, 크게 여섯 가지 부분에서 달라집니다.

돈에 대한 믿음

돈에 대한 존중

삶의 단계

부에 대한 스스로의 자각

재무적 경험

동기

돈에 대한 믿음

돈에 대한 믿음은 자산을 축적하고자 하는 욕망과 위험성향에 큰 영향을 미칩니다. 이는 어렸을 때에 받았던 느낌, 당신이 존경했던 사람들로부터 받았던 기억에 따릅니다. '돈에 대한 믿음'이 생긴다면, 당신이 돈을 향한 긍정적 태도에 도움이 될 것입니다. 만약 부정적이라면 당신은 돈과 친숙해지지 못할 것입니다. 투자에 대한 두려움은 당신의 위험 감수 정도를 줄일 수 있습니다.

돈이란…

우리가 돈을 사용할 때, 어렸을 적 영향을 크게 받습니다. 어렸을 때 들었을 만한 돈에 대한 얘기를 아래에 적어놓습니다. 당신이 들어 봤던 것도 있을 듯 하네요.

돈은 악의 근원이다.

돈은 나무에서 열리지 않는다.

공짜 점심은 없다.

시간은 돈이다.

돈이 세상을 돌아가게 한다.

사랑은 돈으로 살 수 없다.

행복을 돈으로 살 수 없다.

삶에서 가장 중요한 것은 자유다.

모든 것을 가질 수는 없다.

어리석은 사람은 돈을 오래 지니고 있지 못한다.

돈은 내가 하고 싶은 것을 하게끔 해준다.

매입자가 위험을 부담하라.

말만 하지 말고 행동으로 보여라.

지불하는 만큼 얻을 것이다.

한 푼 아끼는 것이나 한 푼 버는 것이나 마찬가지다.

소탐대실

원하는 대로 모두 이뤄진다면 못사는 사람이 없을 것이다.

부익부 빈익빈

돈을 벌기 위해서는 돈이 있어야 한다.

그리고 이러한 말도 들어봤을 것입니다.

어려울 때를 대비하여 저축하라.

티끌 모아 태산

낭비하지 않으면, 아쉬울 일이 없다.

돈을 빌리지도, 빌려주지도 마라

돈을 위해 결혼하지 마라. 돈이 있는 곳과 결혼하라.

악재 후 돈을 투자하지 마라

돈을 버는 대로 쓰지 마라

낭비하지 마라

분수껏 살아라.

이 문장들 중에서 당신의 돈에 대한 행동이나 믿음에
영향을 준 것이 있나요?

사 례

저축을 할 수 없는 상태는 종종 돈을 나쁜 것으로 느끼게 합니다. 키이스
는 여기에 영향을 받았습니다.

대출을 통해 집을 구입하고, 은퇴자금을 모으려고 했을 때, 그는 처음으로
이런 생각이 들었습니다.

키이스는 어렸을 적, 가족들이 혹사당하며 어렵게 생활했습니다. 자연스럽
게 부자는 다 안 좋은 사람들이라는 인식이 자리잡았습니다. 이는 결국 부
자를 갈망하는 가족들을 적으로까지 생각할 정도가 되었습니다.

직업 선택에서는 자신의 신념에 따라 움직이게 되었습니다. 낮은 수입을
받아도 만족했습니다. 하지만 그는 은퇴자산을 만드는 데에는 굉장히 힘을
쏟았습니다. 그는 자녀들이나, 어려운 사람을 돕는 것 보다는 자신의 것에
더 신경을 썼습니다. 돈을 저축하지 못하면 안 된다는 잠재적인 강박관념

이 그를 이끌었습니다.

키이스는 아이들을 키우면 그들이 자신을 돌볼 것이라 생각합니다. 가족단위의 재정적 자원은 필요와 시간이 지남에 따라서 공유 된다 라고 생각하는 것입니다. 저는 단지 그가 맞았기를 바랄뿐입니다.

CASE STUDY 돈에 대한 믿음

돈에 대한 두려움

어릴 적의 경험은 돈에 대한 두려움을 유발할 수 있습니다. 아래의 보기에 해당되나요?

대출금을 갚을 수 없을 것 같은 두려움이 있습니다.

실수로 내가 가진 모든 돈을 날릴 것 같아요.

아이들 교육 자금이 걱정입니다.

신용카드를 사용하는 것이 걱정입니다.

실직 후 돈을 벌 수 없을까 두렵습니다.

은퇴 후 충분한 돈이 없을까 겁이 납니다.

얼마만큼 벌어서 얼마만큼 저축해야 하는지 생각하는 것이 싫습니다.

다음 달 월급을 계산하기 싫습니다.

돈에 대한 걱정은 우리의 발전 가능성을 억제할 뿐만 아니라 절망의 늪에서 허우적거리게도 합니다.

당신은 삶 속에서 돈을 긍정적으로
바라볼 필요가 있습니다.

돈에 대한 공포와 두려움은 염세적 축적가의 일반적인 성향입니다. 그들은 돈을 다룰 때 잘못 될 수 있는 모든 것을 신속하게 선택하고, 편리하고 올바르게 갈 수 있는 모든 것을 무시합니다.

축적가들은 충분한 돈이 없어지고, 직업을 잃게 되어 질병과 죽음이 닥치고 결국 세계 경제가 붕괴될 것을 두려워합니다. 당신이 축적가라면, 이 같은 생각은 유년기의 나쁜 경험이나, 지식의 부족에서 비롯되었을 것입니다. 당신은 어디서 이런 막연한 두려움이 생겼는지를 알고, 이를 극복해서 위험을 수용하는 의지를 늘여야 자산을 형성할 수 있을 것입니다.

사 례

마리온은 은퇴 상담을 위해 저를 만났습니다. 그녀의 부모님은 항상 재정적으로 어려웠기 때문에 일찍부터 준비하고 싶었습니다. 그녀는 그녀가 뛰어난 경력을 가질 수 없으며, 인생이 그녀의 무엇엔가 영향을 받으며, 미래를 통제 한다고 여겼습니다.

그 결과, 그녀는 스스로 자기 자신의 한계를 설정하고 그 만큼만 얻으려 했습니다. 그 한계를 조금이라도 벗어나게 되면 주변이 다 부서질 것이라고 스스로를 운명 지었습니다.

마리온의 수동적 삶은, 결혼하지 않은 채 교외에서 낮은 보수를 받으며 살아가게 만들었습니다. 그녀는 주택담보대출 상환을 끝내고, 은퇴를 위한 저축을 하면서 검소하게 살아가고 있습니다. 여전히 그녀에게 큰 돈은 필요치 않습니다.

마리온의 염세주의적 관점은 그녀가 은퇴하기 전 10년 동안 자산 형성을 방해하는 요인이 되었습니다. 하지만 이것이 그녀가 불행하다는 뜻은 아닙니다. 스스로 만족할 만큼 벌었고 이를 잘 관리하고 있습니다. 그녀는 그녀가 설정해 놓은 범위 내에서만 살아가고 있습니다.

CASE STUDY 돈에 대한 믿음

만약 당신의 부모님, 조부모님이 1930년대의 대공황을 겪은 세대라면, 그들이 갖고 있는 돈에 대한 생각이 당신에게 이어졌을 가능성이 높습니다. '티끌 모아 태산'은 삶의 신조입니다.

당시에 생활했던 많은 사람들은 돈을 매우 아꼈으며 저축하는 습관이 좋았습니다. 하지만 극도의 보수적인 성향으로 높은 수익을 낼 수 있는 상품을 두려워합니다.

성공적으로 부를 축적한 사람들은 아래와 같은
믿음과 태도를 보입니다.

돈에 대해 긍정적이며, 신뢰합니다.
재정적 상황이 생활에 많은 영향을 끼친다고 믿습니다.

위험을 동반하는 것에 두려워하지 않습니다.

돈에게 이용당하는 것이 아니라, 돈을 이용할 수 있다고 생각합니다.

돈이 목적이 아닌 수단임을 압니다.

열심히 일하지만, 단순히 돈을 벌기 위해서만 열심히 일하는 것은 아닙니다.

돈의 가치를 압니다.

돈에 대한 존중

만약 당신이 돈을 잘 관리하고 싶다면, 돈을 존중하세요. 신중하고, 책임감 있게 사용하시고 쓸데 없는 곳에 낭비하지 마세요. 그리고 긍정적으로 생각하세요.

수 년에 걸쳐, 나의 고객들은 그들이 가지고 있는 돈에 대한 문제점을 스스로 분석하여, 알게 된 문제점을 버리게 되었습니다.

내 돈은 어디로 갔나요?

생일 선물, 크리스마스 선물로 많은 돈을 썼습니다.

내가 사용해야 할 것보다 더 많은 돈을 친구들에게 썼습니다.

가끔 실수로 옷을 산 뒤에도 환불하거나 교환하지 않았어요.

특별한 브랜드의 것이라도(비싼 것이라도) 내가 좋아하는 물품이면 구입했어요.

요리하는 것을 싫어해서, 종종 밖에서 사 먹었어요.

내 수중에 돈이 있는 경우가 많지 않았어요.

종종 신용카드 할부를 이용해 물품을 샀습니다.

지갑에 돈이 있으면 썼어요.

저렴한 것을 사기보단 그냥 손에 잡히는 것을 구입했어요.

멀쩡하게 사용할 수 있음에도, 새 것을 사곤 했어요.

얼마나 해당되나요?

축적가와 돈

축적가 성향의 사람들은 어떤 성향 보다 돈을 존중합니다.

축적가는 돈을 잃는 것을 극도로 싫어합니다. 때문에 정말 필요하고, 가치 있는 것들만 구입합니다.

이 성향의 사람들은 정기 할인이 아니라면 쇼핑을 같이 가지 마십시오. 이 성향을 가진 제 친구는 식료품을 살 때에도 두 번 이상 생각합니다. 단 몇 푼이라도 아낄 수 있다면 가장 저렴한 상품을 선택합니다. 그에게 있어서 몇 푼은 매우 높은 가치를 지닙니다.

극단적으로, 이들에게 있어 돈은 모으는 것 자체가 목적이 되기도 합니다. 너무나도 돈을 좋아하는 나머지 다른 것들을 돌아보지 않는 듯한 경우도 있습니다.

획득가와 돈

획득가 또한 돈을 존중합니다. 하지만, 금전욕으로서 좋아합니다.

획득가에게 있어 돈은 성공, 지위, 삶을 즐길 수 있는 능력, 생활 환경의 척도입니다. 축적가는 돈을 모아 아끼는 것을 좋아하지만 획득가는 그것을 가치 있게 사용하길 원합니다.

극단적으로, 획득가의 금전욕은 무한정입니다. 많은 돈을 가지고 있을수록 많이 씁니다. 그리고 생활을 유지하기 위해 더 많은 돈을 필요로 합니다. 이는 Y세대 -비록 감당할 수 없을 지라도 풍족한 삶을 유지하고자 하는- 로 대변되기도 합니다.

적절한 금전욕은 권장할 만 합니다. 하지만 정도를 지켜야 합니다. 당신이 획득가 타입이라면, 돈에 대한 스스로의 규칙을 세우십시오.

기업가와 돈

기업가에게 있어서 돈은 기회를 주는 매개체입니다.

이들에게 돈은 필요하지만, 본질적인 것은 아닙니다. 사업가에게 돈은 그들이 더 큰 목적을 달성하고자 하는 것 -시간, 물질, 기술 등- 과 바꿀 수 있는 것이지 존중의 대상은 아닙니다.

누구도 실패하는 것을 좋아하지는 않겠지만, 진정한 사업가는 실패도 성공의 한 디딤돌로 생각합니다. 극단적으로, 사업가는 자신의 행동과 관련되거나, 이에 영향을 미치는 손실을 이성적으로 구분하여 생각합니다.

자신의 이기심 또는 다른 사람에 대한 무관심 때문에 본인뿐만 아니라 주변 사람들의 자산까지도 큰 위험에 처할 수 있습니다. 사업가가 자신의 자산을 불리고자 한다면, 주변인들을 끌어들여서는 안됩니다. 만약 당신이 기업가 성향이라면, 너무 많은 위험 요소들을 안고 투자하지 마십시오. 당신의 행동이 주변 사람들에게 영향을 미칩니다.

모험가와 돈

모험가의 문제점은 돈을 존중하지 않는다는 것입니다.

직설적으로, 당신이 모험가 성향이라면 돈에 대해 무신경 합니다. 마치 돈이 하늘에서 떨어지는 것이라 생각합니다. 단순히 순간의 만족을 주는 도구에 불과합니다.

이 같은 생각의 이면에는 감정적 욕구가 깔려있습니다. 어떤 사람들은 소비에 중독되어 있습니다. 이들은 마치 뚱뚱한 사람들이 주체하지 못한 채 과자를 먹거나, 도박 중독자들이 잭팟이 나올 때까지 도박을 끊지 못하는 것과 비슷합니다.

당신이 소비에 중독되었음을 안다면, 소비 전과 직후, 그 이후에 대해 어떻게 느끼는지를 생각해 보십시오. 만약 소비에 중독이 되었다면 구입 자체에 가슴이 떨리고, 물품 사는 것이 취미일 것입니다. '난 이 구두를 사야 한다' 고 되뇌일 지도 모릅니다. 만약 당신의 발에 맞는 사이즈가 없다면 이는 당신에게 있어 큰 재앙입니다.

모험가 타입은 구매해야 하는 이유를 전문적으로 만들어 냅니다.

'만약 이 드레스를 사지 못한다면 다음 주 파티에 입고 갈 옷이 없어'
'이 TV는 지금 세일 중이야. 다시는 이런 기회가 오지 않을 것이므로 난 사지 않을 수 없어'

구입하는 동안, 마치 낙원에 있는 듯한 기분을 느끼게 해 줍니다. 하지만, 곧바로 후회를 하곤 하지요. 즉각적으로 오진 않습니다. 몇 주 지난 뒤일지도 모릅니다. 그렇게 꼭 필요했던 드레스는 몸에 맞지 않기 때문에 창고로 들어갑니다. 구입 때의 황홀함은 실제보다 더 크게 다가옵니다.

만약 당신이 소비에 중독되어있다고 생각한다면, 전문가의 도움을 받아 감정의 이면을 찾고, 이를 다른 방법으로 충족시킬 수 있도록 해야 합니다.
물론, 돈을 하찮게 생각하는 것과 돈을 소비하는 것을 연관시킬 필요는 없습니다. 당신은 단순히 돈에 가치가 없다고 생각하는 것입니다. 주변을 이리저리 돌아다닐 필요가 있습니다. 돈을 얼마나 많이 가지고 있었는지, 어디로 갔는지 생각하지 마세요. 조금씩 조금씩 없어졌을 뿐입니다. 먹고, 마시고, 노는 것에 사용했지요.

이 같은 성향은 가족이 부자인 경우가 많습니다. 굳이 저축해야 한다는 생각을 가질 필요가 없었던 사람들입니다. 모험가 타입은 돈을 아끼고, 낭비하지 않으면서 돈에 대한 존경을 배워야 합니다.

삶의 단계

당신이 지닌 돈의 기질은 삶 속에서 점점 발전합니다. 돈을 어떻게 사용하고, 어떻게 운영할 것인 것인지 모든 부분에 있어 영향을 미칩니다.

크게 보면, 여섯 단계가 존재합니다. 당신의 태도는 위험 성향과 자산 형성에 영향을 미칩니다.

1기 │ 미혼, 유년기

어떤 일들이 발생하나요?
삶이 모든 면에서 즐겁고 원하는 것을 할 수 있는 충분한 시간이 있습니다. 책임질 일이 별로 없으며, 시간이 지날수록 당신의 급여는 높아질 것입니다. 설사 가진 돈을 모두 잃어버려도, 다시 모으면 됩니다.

당신과 돈

위험 감수도는 가장 높으며, 잘못된 것이 있다면 이를 밝히는 데에 충분한 시간을 들일 것입니다. 하지만, 지식과 경험이 부족하고 실수하기 쉽습니다.

당신이 알아야 하는 것

부채, 특히 신용 카드를 사용하는 방법을 배워야 합니다. 자칫 잘못할 경우 지속적으로 문제가 생길 수 있으며, 모험가, 기업가와 비슷해질 수 있습니다.

2기 | 정착기

어떤 일들이 발생하나요?

가족과의 관계가 깊어지고, 아이를 키우고 있을 시기입니다. 집과 직장에서의 역할이 동시에 수행되어야 하므로, 접점을 어디로 잡아야 하는지 고민하는 시기입니다.

이 시기 전까지는 집과 차, 여행 등등에 관심이 있었다면, 지금은 가족을 위해 쾌적한 환경을 만들고자 돈을 소비할 것입니다.

당신이 집과 직업적 책임감을 느끼기 시작한다면, 가족의 부양에 대해 좀 더 신경 쓰게 될 것입니다.

당신과 돈

집을 구매했고, 대출이 생겼습니다. 가계 소득은 상대적으로 줄어들었고, 돈을 모으기보다는 하루 하루 살아가는 것에 급급할 시기입니다.

당신이 알아야 하는 것

모험가와 획득가 성향이라면, 무거운 부동산 대출 등 생활 환경을 꾸미기 위해 많은 돈을 사용하는 것을 피해야 합니다. 사업가, 축적가 타입의 배우자와는 돈을 소비하는 방법에서 분쟁의 발생할 수 있습니다.

 확장기

어떤 일들이 발생하나요?

소득은 자녀성장, 실직 등에 따라 달라질 것입니다. 좀 더 넓은 집과 새로운 차는 첫 번째 관심 대상이 될 것이고, 이로 인해 부채와 소비가 증가할 수 있습니다.

당신과 돈

가처분 소득이 증가함에 따라 당신이 가진 돈 기질은 저축과 소비를 결정지을 것입니다. 특히 배우자와의 관점 차이가 대두될 것이며, 이를 풀어나가야 합니다. 획득가와 모험가는 사업이나 축적가의 관점에서 점검하지 않는다면 점점 더 많은 소비를 할 것입니다.

직업, 가족, 그리고 사회적 삶 등 모든 것에서 돈을 관리해야 합니다. 마치 돈이 돈을 관리하기 위해 사용되어야 하는 것처럼 느껴집니다.

당신이 알아야 하는 것

재정적으로 부족한 부분이 무엇인지, 불필요한 부분에 사용되는 것은 없는지 체크해야 합니다. 당신의 삶에서 매우 중요한 시기이며, 자칫 잘못된 선택을 한다면 앞으로의 삶에서 회복하기가 쉽지 않을 것입니다.

안정기

어떤 일들이 발생하나요?

수입은 점점 늘어나고, 당신과 배우자는 온종일 열심히 일하고 있을 것입니다. 대출금은 부담되지 않지만, 아이들의 부담은 늘어날 것입니다. 외식과 해외여행, 새 차의 구입 등 소비생활을 통해 즐거움을 느낄 수 있는 충분한 능력이 되는 시기입니다.

당신과 돈

필요한 것과, 원하는 것의 우선순위를 정해야 하는 시기입니다. 부를 축적하고자 하는 의지가 강하지만, 처음 일을 시작했을 때보다는 상대적으로 위험 감수도가 덜합니다. 많은 돈을 모아 부자가 될 수 도 있지만, 상대적으로 지불해야 하는 비용이 더 커졌습니다. 또한, 본인이 원하는 것, 배우자와 부양가족이 원하는 것과 다를 수도 있습니다.

삶에 변화를 갖기엔 이제는 시간이 부족하다 느낄 것입니다. 직업 또는 하는 일을 바꾸려 해도 이제는 나가는 비용이 많기 때문에 원치 않는 수입 감소로 이어질 수 있습니다. 인생의 이 단계에서 종종 중년의 최대 위기가 일어나기도 하나요?

당신이 알아야 하는 것

만약 이 시기까지 당신과 배우자의 돈 기질 차이를 해결하지 못했다면, 관계가 소원해질 가능성이 매우 높은 때입니다. 앞으로의 삶을 위해서 꼭 풀어야 할 문제입니다.

57 | 절정기

어떤 일들이 발생하나요?

일에서 최고의 시기를 보내고 있을 것입니다. 수입 또한 가장 많을 시기이지만, 앞으로 점차 줄어든다는 것을 의미합니다. 은퇴 생활을 대비한 충분한 자금이 있는지 여부가 염려되며, 은퇴생활을 즐기기 전에 사망할지도 모르는 것 또한 걱정이 됩니다. 축적가와 획득가는 생활 방식을 지키려 하는 데 반해, 사업가와 모험가는 은퇴 전 최대한 많은 부분을 발전시키려 할 것입니다.

당신과 돈

아직은 젊고 건강하기 때문에 생활을 즐기려 하는 마음과 은퇴를 위해 돈을 모으려 하는 부분이 양립할 것입니다. 대출은 거의 갚았겠지만, 은퇴자산을 축적해야 하는 문제가 남았습니다. 자산의 고유 가치 −특히 집에 대해서는 더− 를 잃어버리기 싫어합니다. 하지만 자산을 이용하여 더 많은 것을 얻을 수 있다면 사용할 것입니다. 수익률은 높지만, 위험 부담이 적은 방법으로 자산을 축적하고자 할 것입니다.

당신이 알아야 하는 것

은퇴 전 돈을 모을 수 있는 마지막 시기입니다. 어떻게 하든지 이 시기에 준비해 놓는 것이 남은 여생을 편안하게 살아 갈 수 있도록 할 것입니다. 이 시기에 가까워질수록, 취업 준비기 때나 은퇴 이후 사용하려 할 정도의 수준까지 지출을 줄여야 할 것입니다. 갑자기 소비 습관을 줄이는 것은 어렵습니다. 하지만 그렇게 하지 못한다면 은퇴 직후 1~2년 동안 계획했던 것보다 더 많은 돈을 쓸 것입니다.

수확기

어떤 일들이 발생하나요?

이 시기에 젊은 날에 이루었던 것들을 보상받을 것입니다. 부를 축적하기 보다 지키는 것이 더 중요합니다. 핵심은 자산을 어떻게 하면 안전하게 유지하여 편안한 노후 생활을 즐길 수 있느냐 입니다. 이 말은, 위험은 적지만 물가상승률 정도는 따라갈 수 있는 상품에 투자해야 함을 의미합니다.

은퇴 초기에 새 자동차를 구입하거나 해외여행을 하는 등 즐길 수 있을 때 많은 돈을 소비하게 되면 은퇴기간 동안 돈에 대한 걱정을 해야 하는 딜레마에 빠지게 됩니다. 또, 이 때는 상속을 생각해야 합니다. 오늘날, 대다수의 사람들이 가족에게 유산을 상속하는 것을 우선적으로 생각하지는 않습니다. 단지, 일종의 보너스라고 여길 뿐이지요.

당신과 돈

이 시기의 당신은 일하면서 얼마나 자신의 돈을 잘 관리했는지의 여부에 따라 삶의 질이 결정됩니다. 자산 관리를 잘하여 거대한 자산포트폴리오를 형성하였다면 위험이 큰 투자보다는 위험 부담이 적은 쪽으로 바꿔야 할 것입니다.

대다수의 사람들이 은퇴 후에는 축적가가 되곤 합니다. 아무리 모험가 기질이 강한 사람이라도 수중의 돈이 바닥나면 살아남기 위해 축적가가 되어야 하지요. 기업가 타입도 그들의 위험 요소를 계산한 뒤, 좀 더 보수적인 획득가나 축적가 타입으로 바꾸곤 하지요.

획득가는 그들의 생활 방식을 유지하려 노력하고, 축적가 형태에서 벗어나고자 합니다.

당신이 알아야 하는 것

이 시기의 가장 큰 위험은 사망 이전에 돈을 다 써 버리는 것입니다. 매우 보수적인 투자 형태는 세금과 물가상승률을 따라가지 못해 삶의 수준을 떨어뜨릴 수 도 있습니다. 은퇴자산을 새로운 자동차 구입과 해외여행 등으로 은퇴초기에 많이 사용할 경우 나중에 돈에 대해서 걱정할 수도 있습니다.

자녀들로부터 어떻게 재정적으로 도움을 받을 수 있는지, 주택 연금 활용 여부 등 예비 전략을 세워놓아야 합니다.

이러한 방식은 당신의 인생에서 재대출 없이 집을 소유할 수 있게 도와줍니다. 대출에 대한 이자는 복리로 계산되며, 집이 팔릴 때 잔액이 전액 상환됩니다. 만약 집의 가치가 하락하여 가격이 떨어진다 하더라도 큰 걱정 없이 은퇴 생활을 영위할 수 있습니다.

> 상속 문제는 최근 변화했습니다. 자녀들은 많은 상속자산을 기대하지 않으며, 부모들도 많이 남기려 하지 않습니다. 선택의 여지가 없는(자산이 부동산밖에 없는) 노인의 경우, 매각 금액으로 이 시기를 지나갈 수 밖에 없습니다.

각각의 시기는 돈기질과 병행합니다.

1기는 모험가 시기입니다. 젊고, 부딪치고 깨지면서 배웁니다.

2기와 3기는 심화기입니다. 획득가가 능력을 발휘하는 시기입니다. 생활 방식을 축적할 것이며 성공을 쌓아갈 것입니다.

4기와 5기는 아이들이 자라고, 부를 축적하는 시기입니다. 은퇴를 생각하게 되는 때인지라 좀 더 기업가 기질이 발휘될 것입니다. 재정적인 안정을 바탕으로 수익률을 높이기 위해 어느 정도 위험을 감수할 수 있습니다.

6기에는 축적가처럼 부와 수입, 생활 방식 모두를 지키려 합니다.

그렇다고, 모든 사람들이 30대 이전에는 모험가이고, 65세 이후엔 축적가가 된다는 뜻은 아닙니다. 당신이 가진 돈 기질이 당신의 생활을 좌지우지 하지만, 각각의 시기에 좀 더 특정 타입에 가까워 질 수 있습니다.

축적가 타입이라도 1기에는 위험을 좀 더 감수하려 할 것이며, 4기와 5기에는 부를 축적하고자 하는 성향이 강할 것입니다. 모험가 성향도 은퇴가 앞에 있기에 (자신의 성향과 맞지 않아 혼란이 야기되는) 5기에는 부를 축적하고자 하겠지요.

사 례

제 고객 조나단은 각 시기에 따라 어떻게 변화하는지 보여주는 좋은 예입니다. 30대의 미혼이었던 그는, 미술을 하고 있었습니다. 열정으로 가득 차 있었기에 자신이 원하는 대상만 그렸고, 판매를 목적으로 작품 생활을 하진 않았습니다. 다른 사람들은 그의 그림을 이해하긴 어려웠습니다.

조나단에게 미술은 매우 중요했기에, 그는 가정 등에 대해 아무런 계획도, 생각도 없었습니다. 하지만 재정적 압박이 심해지게 되자, 그는 그림을 포기하고 직장에 들어가야만 했습니다. 운 좋게도, 가까운 친척분께서 상당한 돈을 그에게 남기셨기 때문에 집을 구입하고 생활하는 데에는 큰 지장은 없었습니다.

조나단은 더 많은 돈을 벌기 위해 돈을 쓰지만, 그는 이를 만족해 합니다. 그는 스스로의 노력을 통해 생각했던 것보다 더 많은 돈을 갖게 되었습니다. 그는 검소하게 살면서, 주로 미술 용품을 구입하는 데 돈을 썼고 작품을 팔아 간간이 생활비를 벌었습니다. 유명한 화가가 되는게 그의 목표였습니다.

조나단은 이미 부유하고 미래에 수입이 낮아질 것을 알기 때문에 위험과 자산을 축적하는데 보수적인 성향을 갖게 되었습니다. 그는 축적가가 되었습니다.

CASE STUDY 부에 대한 자각

부에 대한 자각, 그리고 어떻게 돈을 모을 것인가?

모든 사람이 '부자가 된다는 것'을 하나의 의미로만 생각하는 것은 아닙니다. 일부는 단순히 편안한 집과 충분한 음식을 먹을 수 있는 것으로 생각합니다. 또 일부는 부채가 없이, 일하지 않아도 충분히 생활이 가능한 재정적으로 자유로운 상태를 이야기할 수도 있습니다. 또 다른 이들은 비싼 물건들을 구입할 수 있는 돈이 있을 때를 말하기도 합니다.

앞에서도 말했다시피, 유년기 시절의 경험이 지금의 당신에게 있어 큰 영향력을 발휘합니다. 스스로가 돈을 모을 수 없다고 여기며 성장한 사람은 부자가 되기 힘들고 실패할 때에는 운이 다했다고 여기려는 경향이 있습니다. 그러나 긍정적인 사고와 자신감으로 무장되어 있다면 비록 방해물이 있다 하더라도 성공할 가능성이 높습니다.

당신의 태도와 기대치는 자기 암시가 됩니다. 절대로 부자가 될 수 없다고 생각하는 한, 당신의 자기암시는 행동에 반영되고, 실패할 가능성이 높습니다. 이는 다시 되돌아와 당신의 사고에 영향을 주게 되고 결국 절대로 부자가 될 수 없습니다.

긍정적인 사고를 갖고 있다면 이는 현재의 재정상황과 미래의 잠재적 수입에 도움이 될 것입니다.

현재의 재정상태

만약 스스로 이미 부자라고 생각한다면 '부자가 되겠다' 고 노력하는 부분이 상대적으로 적을 지 모릅니다. 하지만, 좀 더 위험도가 높은 자산에 투자하기를 원하게 할 지도 모릅니다.

이와 반대로, 스스로 돈이 부족하다고 느낀다면 자산을 축적하고자 하는 경향이 강할 것이고, 그러면서도 위험을 회피하고자 할 것입니다. 당신은 당신이 가지고 있는 것을 잃고 싶지 않습니다.

사 례

안나는 알콜 중독자였습니다. 편부모 슬하에서 자란 그녀는 생활의 돌파구를 알코올로 삼았고, 음식을 살 돈조차 없게 되었습니다.

그 후로 20년 넘게 그녀는 술을 입에 대지 않았고, 50대 후반인 지금은 수입이 좋은 직업을 갖고 있습니다. 하지만, 그녀는 자신의 돈을 효과적으로 관리하지 못합니다. 그녀의 잠재의식에는 가난했던 어린 시절이 남아있습니다. 지금은 충분히 지불할 능력이 있음에도 불구하고, 고급스런 매니큐어를 구입한 날 밤에는 악몽을 꾸곤 합니다.

안나는 돈을 모을 수 있을 거라 생각해 본 적이 없기에, 목표가 없었습니다. 이를 어떻게 극복할 수 있을까요? 그녀는 돈을 관리할 수 있다고 마음먹고, 실행에 옮겼습니다. 수입과 지출을 조절하면서 남은 생을 여유롭게 살아갈 수 있는 충분한 돈이 있다는 것을 알았습니다. 하지만, 적은 금액을 저축할 때도 마음 속에는 항상 두려움이 잠재해 있기에 만기까지 유지하는 경우가 드뭅니다.

CASE STUDY 부에 대한 자각

미래에 얼마나 벌 수 있을까?

미래에 얼마만큼 돈을 벌 수 있을까요? 이는 당신이 돈에 어떻게 접근하는 지에 따라 달라질 것입니다. 높은 수익률을 원한다면 손실을 예상하면서도 보다 높은 위험을 감수하며 미래에 수익을 창출할 것입니다.

반대의 경우 – 예를 들어 실직이나 은퇴 등이 가까운 상태라면 – 당신의 위험 감수도는 낮을 것입니다.

하지만, 비록 이와 같은 상황이 큰 영향을 미치긴 하겠지만, 경험했던 부분이 당신이 행동하는 데 있어 가장 큰 결정 요소가 될 것입니다. 당신이 수동적이라면 한계를 두고 행동할 것이며, 능동적이라면 방법을 스스로 찾고자 할 것입니다.

부자가 될 수 있다고 스스로에게 자기 암시를 하십시오.
목적을 이루는 데에 도움을 줄 것입니다.

돈에 대한 경험

돈에 대한 과거의 경험은 당신이 가지고 있는 돈에 대한 성향을 지배합니다. 예를 들어 축적가 성향은 돈을 관리하거나 했던 적이 없고 지식이 충분하지 않기 때문에, 자신은 위험한 상태라 여깁니다.

특히 돈을 관리하지 않았는데, 자신의 배우자가 떠나거나 사망하는 경우 이런 형태가 됩니다. 일부의 여성이 여기에 속하지만, 다행히 수입/지출을 공동으로 관리하는 경우가 점점 늘어나고 있기 때문에 향후 점점 발전할 것이라 생각됩니다.

기업가 타입의 사람에게도 돈에 대한 안 좋은 기억은 자신이 위험한 상태라고 느껴지게 합니다. 예를 들어, 낮은 수준 또는 잘못된 정보를 바탕으로 투자했다가 돈을 날린 기억이 있다면, 향후 유사한 경우의 투자 기회가 또 있다 해도 결코 믿지 않을 겁니다.

부동산 투자가 좋은 예입니다. 처음 부동산을 투자하는 사람들은 가족을 위해 매우 조심스럽게 접근합니다. 하지만 임대 시에는 기대치가 낮아지게 됩니다. 집을 급하게 내놓거나 세입자의 수준이 낮다면, 이는 낮은 수익률로 이어질 수 밖에 없습니다. 이런 경험이라면, '절대로 임대소득은 좋을 리 없어' 라고만 얘기하겠지요.

다른 사람의 경험 또한 영향을 미칩니다. 부모님이나 친구가 실수한 경험이 있다면 당신은 같은 실수를 반복하지 않으려 할 것입니다. 또는 그 사람들의 경험을 타산지석으로 삼아 새로운 방법을 찾아낼 수도 있습니다. 국제적인 경기 침체 또한 영향을 미칩니다. 이는 사람들을 축적가로 만들지요.

2002~2003년도의 주식시장 급락사태는 공포심을 불러일으켰습니다. 많은 사람들이 고점에서 주식을 샀지만, 가치가 하락하는 것을 두려

위하여 매도 함으로써 손실을 확정 지었습니다. 비록, 불합리한 의사 결정에 의한 것이었다 해도, 은퇴 자금이 반 토막 난 채로 손절매 한 사람들이 있습니다. 지식과 경험을 바탕으로 합리적인 결정을 한 사람들은, 비록 자산이 줄고 있는 것은 알았지만 그 대열에 동참하진 않았습니다.

투자를 하면서 시장에 대한 이해와 경험이 많을수록 자산을 형성하기가 쉬워 집니다. 경험은 부를 축적하는 데에 도움이 됩니다. 어떻게 돈을 관리해야 하는 지 좀 더 빨리 알게 됩니다.

돈 관리를 일찍 시작할수록 부자가 될 수 있습니다.

사 례

로스와 마가렛은 일에서 성공한 60대의 부부입니다. 그들은 각자 돈을 관리하며, 매달 서로의 돈을 공동 분담합니다.

그들은 장기저축 또한 나눠서 관리했으며, 지금까지 꾸준히 잘 관리하고 있습니다. 이는 매우 독특한 케이스입니다. 같은 연령대의 사람들은 보통 재정 부분은 남편이 가정 일은 아내가 하는 것이 일반적입니다. 이 때문에, 은퇴 후 많은 사람들이 돈 관리와 투자 때문에 스트레스를 받게 되지요.

이 부부는 다릅니다. 마가렛은 자신이 투자하는 것을 로스와 상의하지 않습니다. 사실, 그녀가 그렇게 많이 저축을 했는지 로스는 모릅니다. 나눠서 관리했기 때문에 부부는 자신이 원하는 것들을 서로 눈치 보지 않고 할 수 있습니다. 또한, 서로의 독립 재산을 인정합니다.

요즘, 많은 사람들이 은퇴기에 접어들고 있습니다. 로스와 마가렛은 서로의 돈을 안전하게 관리하면서 안정적인 수익을 창출하고 있으며, 안락한 생활을 영위하고 있습니다. 그리고, 배우자 사후에도 남겨진 돈을 관리할 수 있는 충분한 능력을 갖고 있습니다.

CASE STUDY 돈에 대한 경험

동기부여

가장 기본적으로, 우리는 얻는 즐거움에 대한 욕구와 고통을 피하려 하는 욕구 두 가지에 의해서 동기 부여가 됩니다. 획득가는 지위와 안락한 생활을 통한 기쁨을 추구합니다. 사업가는 성공을, 모험가는 돈을 사용하면서 활력을 얻습니다. 반면에, 축적가 성향은 두려움으로 인해 동기부여가 되기도 합니다. 이들은 경제적 불안으로부터 오는 고통과 경제적 손실을 피하려 합니다.

무엇이 당신에게 자산을 형성하게 하는 동기부여가 되나요? 만약 당신이 정말 가난하다면, 얻고자 노력할 것입니다. 동기가 클수록 얻는 것이 많아질 것입니다.

높은 동기는 목적을 달성하기 위한 행동들을 명확하게 만듭니다. 단순히 부자가 되는 방법은 없습니다. 삶에서 어떤 것 −안전, 자유, 자립, 가족이나 다른 사람을 돕고 싶어하는 것, 또 달리 당신이 중요하다 생각하는 무엇 – 을 얻고 싶어하는지가 핵심입니다.

부자가 되고 싶은 욕망이 강한 획득가나 기업가는 삶에서 원하는 것이 매우 명확하며, 거기에 집중합니다.

당신이 원하는 것이 무엇인지 모른다면,
당신은 성공할 수 없습니다.

성공한 사람들은 그렇지 않은 사람들에 비해 긍정적인 사고방식을 갖고 있습니다. 세상을 낙관적으로 바라보며, 위험보다 기회가 많다고 생각하고 약점보다 강점이 많다고 여깁니다.

또 다른 성공 방법은 성공한 사람들과 관계를 유지하는 것입니다. 열대 섬에서 휴일을 보내길 원한다면 스스로 그 곳에서 보내는 휴일을 머릿속에 떠올리는 것입니다. 비행기를 타고, 도착했을 때 사람들로부터 환영을 받고, 수영장 옆 흔들의자에서 누워있고, 해변을 거닐고, 부드러운 산들바람이 얼굴에 닿는 것들을 상상하십시오.

물론, 동기가 떨어질 수도, 집중도가 떨어질 수도 있습니다. 이 때는 당신의 태도를 되돌아보거나, 다시 용기를 북돋우면 됩니다. 배우자, 친구, 당신을 도와줄 수 있는 조력가들과 목표에 대해 얘기하는 것 또한 도움이 될 것입니다.

사 례

처음 사업을 시작했을 때, 1년 안에 성공하려고 마음먹었습니다. 무에서 유를 창출하고, 모든 지식과 기술을 쏟아 넣어 나를 가장 열정적이게 만드는 돈과 사람에 집중 했습니다.

많은 것들이 계획대로 되질 않았습니다. 내가 기대했던 것보다 고객은 빨리 늘어나지 않았고, 연이은 불황은 시장에 계속해서 악영향을 미쳤습니다. 투자자들은 불안과 공포를 느꼈고, 협력회사의 주가는 곤두박질 쳤습니다. 사업을 포기하고 원래의 고정적 수입으로 돌아갈 뻔한 시기였습니다.

이 시기에, 자수성가한 사업가들로부터 많은 도움을 받았습니다. 그들과 가까운 관계를 유지하면서 상황은 더 나빠질 수 없으니 이겨내라는 충고를 받았습니다. 앞을 가로막는 장애물들을 치워냈고, 스스로의 확신과 조력자들로부터 힘을 얻어 사업을 지속할 수 있었습니다.

CASE STUDY **동기부여**

돈 기질을 만드는 가장 중요한 것

삶은 흑백으로 구분할 수 없고, 우리는 돈의 타입을 조금씩 모두 갖고 있습니다. 극단적인 축적가 타입이라 할 지라도 돈을 낭비할 때가 있고, 모험가라 하더라도 가끔씩은 돈을 지키고자 합니다. 물론 아주 잠깐의 시간이지만요. 하지만, 당신이 가진 돈 성향은 하나 또는 두 개의 주요 형태로 결정됩니다. 당신이 가진 돈 기질을 이해하고 어디서부터 유래되었는지를 안다면, 당신은 변화할 수 있는 힘을 가질 것입니다.

당신이 지닌 돈 기질을 완전히 바꿀 수 없다면,

다른 기질의 유리한 점을 수용하도록 하십시오.

축적가를 위한 조언

당신은 돈에 관한 좋은 습관을 지녔습니다. 분수를 알며, 저축을 잘 합니다. 통장에 정확히 얼마가 있는지 알고 있습니다. 하지만, 투자를 꺼리며, 다른 사람으로부터의 조언을 의심합니다. 이런 이유로 수익이 높을 수 없고, 시야가 좁습니다.

극단적으로, 축적가는 저축을 너무 걱정합니다. 하루라도 통장 잔고가 비는 것에 대해 두려워하기 때문에, 스스로의 삶을 즐길 수 없습니다. 아마 예전에 돈에 대해 안 좋은 추억이 있어서일 수도 있고, 가난하게 살았기에 부모님이 그렇게 교육을 시켰을 수도 있습니다. 말도 안 되는 공포에서 벗어나 돈에 대해 객관적인 접근을 해 보길 바랍니다.

1. 책에서만 언급되는 위험을 벗어나서, 스스로 돈을 얼마나 잘 관리하고 있는지 다른 사람들과 이야기 해 보세요. 많은 정보를 얻을수록 투자에 대한 범위가 넓어질 것이고, 이전보다 더 높은 수익을 얻을 수 있는 밑거름이 될 것입니다.

2. 돈에 대해 좋은 습관을 만들고, 정기적으로 저축하거나 투자한다면 만족할 만한 결과를 얻을 것입니다.

3. 은퇴를 위해 얼마가 필요하고, 비상예비자금으로 얼마가 있어야 하는지 미리 계산해 놓으십시오.

4. 질병이나 사망으로 인해 줄어들 수 있는 경제적 변동성을 줄여주는 역할이 보험입니다. 다시 살펴보세요.

5. 필요 금액을 준비했다면, 나머지는 삶을 위해 소비하세요. 약간 느슨한 생활도 좋습니다.

사 례

질은 전 남편으로부터 거액의 위자료를 받은 뒤 저를 찾아왔습니다. 싱글 맘으로서 오랫동안 절약하는 습관이 몸에 밴 그녀는 몇 달러 이상 쓰는 것에 굉장히 큰 거부감을 보였습니다.

그러던 그녀가 변화하기 시작했습니다. 위자료를 받은 뒤, 그녀는 수입이 높은 새 배우자를 만났고, 어떻게 자신의 돈을 사용해야 하는지, 스스로 고민이 되기 시작했습니다. 처음엔, 저축과 소비를 고민했습니다.

오랫동안 생활해 온 대로 그녀는 자연스럽게 저축했고 재정적으로 어려운 상황이 올 것이라 믿지 않았습니다. 언뜻 보더라도 지금 그녀의 저축 수준 을 유지한다면 은퇴 후 힘든 생활을 할 거라고 생각되진 않았습니다. 그녀 는 거액의 자산으로 자신의 삶의 질을 높이고 싶었습니다. 옷을 사고 치아 를 교정했으며 짧게 해외 여행도 다녀왔습니다.

비록 긴 시간 동안 축적가로 살아왔지만, 획득가 기질을 조금씩 수용했습 니다. 점진적으로, 돈을 유연하게 이용하면서 삶을 위해 사용하는 것과 미 래를 위해 저축하는 것의 균형을 맞추어 가고 있습니다.

CASE STUDY 축적가를 위한 조언

획득가를 위한 조언

당신은 열심히 일하고, 삶에서 성공하고, 가족에게 잘 하길 원합니다. 몇 가지 고민사항으로 당신은 현재의 소득 보다 더 많은 것을 얻고자 합니다. 연 상여금을 받기도 전에 사용하고, 월급이 상승할 것이라 예상되면 이미 부동산 대출을 먼저 받습니다.

일을 열심히 하는 것이 월급을 올릴 수 있는 유일한 방법이라고 믿습니다. 스스로를 열심히 달려야 하는 기계라고 여깁니다. 약간은 쉬어가는 것도 방법입니다.

1. 소비로부터 벗어나십시오. 신용 카드로 소비하기 전에, 빚을 갚아나가기 위해 열심히 일하기 보다 미리 저축하세요.

2. 좀 더 높은 수입을 얻을 수 있는 회사를 들어가거나, 기숙사를 찾는 등 많은 노력이 필요하진 않지만 돈을 더 모을 수 있는 시도를 해 보세요.

3. 물질적으로 많은 돈을 사용하지 않고도 가족에게 잘할 수 있는 방법을 찾아보세요. 커피샵이나 패스트푸드점에서의 식사가 아닌 도시락을 싸서 공원에 나갈 수도 있습니다. 최신의 장난감을 사주는 것 보다 아이들과 시간을 보내는 것이 더 행복한 경험일 것입니다.

4. 품질과 가격이 비례한다는 믿음을 분리시키세요. 축적가의 조언을 받아 저렴한 상점을 찾으세요. 옷, 가구, 운동용품 등 구입 할 때 가격이

저렴하면서 품질이 괜찮은 상품을 구입하세요.

5. 끝으로, 물질적인 부분으로 사람들이 자신을 평가한다고 생각하지 마세요. 왜 다른 사람들을 신경 쓰나요? 본인의 삶은 본인 것입니다.

기업가를 위한 조언

당신은 진정한 부의 창조자입니다. 하지만 당신은 얻은 만큼 잃어버릴 수 있습니다. 그때, 당신의 의지는 나락으로 떨어집니다. 또한, 사람들과의 문제도 불거질 수 있습니다. 왜냐하면, 당신은 현재의 삶을 희생해서 미래를 위해 투자하기 때문에 당신의 배우자와 가족들은 박탈감을 느낄 것이며, 당신이 감수하려 하는 위험을 극도로 두려워할 수도 있기 때문입니다. 배우자의 배경 지식과 위험 감수도를 제대로 알지 못한 채 사업을 추진하려 했던 기업가 성향 사람들의 사례가 몇 가지 있는데, 결과적으로 관계가 지속되지 못했습니다.

성공적인 기업가로서, 당신은 스스로를 입증하지 못한 사람들의 이야기는 믿지 않습니다. 당신에게 성공은 학문적인 성취가 아닌, 행동과 태도일 것입니다. 그리고 '얼마나 많은 자산을 축적할 수 있는가?' 일 것입니다.

당신에게는 자산을 축적하는 것과 주변 사람들(가족, 친구, 그리고 동료)과 좋은 관계를 유지하는 것이 가장 큰 도전이자 행복일 것입니다.

1. 가족의 신탁금액과 기업자금을 별도로 관리하는 것처럼, '안전한'

돈과 '투자할' 돈을 명확하게 구분하십시오. '안전한' 돈 중에서 일부를 주위 사람들을 위해 사용하십시오.

2. 개인적으로, 업무적으로 당신의 재정 상황을 알고 있는 사람들에게, 당신이 직면한 문제를 정확히 알고 있으며 그 위험을 줄이고 있다는 것을 알리세요.

3. 다음의 방법으로 위험을 줄일 수 있습니다.
  - 신탁을 설정하고, 기업의 법적 한도를 정하십시오.
  - 새로운 사업이나 구입하고자 하는 것을 꼼꼼하게 체크하십시오.
  - 당신의 현금흐름과 기대수익을 예상할 수 있는 시스템으로 구축하십시오.
  - 예상되는 위험과 그에 따른 노력 등을 상대방과 공유하세요.
  - 회계사, 변호사, 전문적인 멘토 또는 코치, 관리직 사원들에게 조언을 구하십시오.
  - 보험을 가입하십시오.

4. 투자를 통한 이익 중 일부는 미래를 위해 안전 자산으로 전환하고, 모든 자산을 새로운 사업에 투자하지 마십시오.

5. 당신의 업무, 잠재적 위험과 이익, 수용 가능한 위험을 유지하는 방법 등 모든 정보를 당신의 파트너에게 공유하여 잠재적인 걱정을 줄이십시오.

모험가를 위한 조언
소비를 좋아하는 당신은 남는 것이 없거나 처음 원했던 것을 얻지 못하고 돈이 다 없어질 가능성이 높습니다. 돈을 가치 있게 생각해야 합니다. 기본으로 돌아가십시오.

1. 재정 상황을 확인하십시오. 당신의 가치(또는 처지)는 일년 전과 어떻게 달라졌나요? 무거운 빚이 당신을 누르진 않나요? 결국 파국으로 가길 원합니까? 아니면 조금이라도 돈을 저축할 수 있습니까?

2. 3~6개월 동안의 은행 잔고와 신용카드 사용내역을 분석하세요. 이미 너무 많은 돈을 사용한 것에 대해서 후회하고 있을지 모르지만, 이를 수치화시키는 것 또한 좋은 방법입니다.

3. 다음, 예산을 세우십시오. 필요한 모든 물품을 구입하기 위해 얼마가 필요한지 세부적으로 계산하기 보다는, 소비 유형별로 분류 하십시오. 예산을 세워 돈을 관리하는 시스템을 만드는 것은 매우 중요합니다.

4. 몇 가지 목표를 만드세요. 단기에 일시적인 만족감을 주는 것 보다, 당신을 열정적으로 만드는 명확한 장기목표를 세우는 방법으로 전환하는 것이 가장 좋은 방법입니다. 집, 일터, 지갑 등에 목표를 항상 써 두세요. 아마 당신은 매년 새 차, 새 가구, 해외여행 등을 원할지도 모르겠군요.

5. 한번 설정한 장기 목표를 위해 저축하십시오. 정말 자신이 없다면, 단지 몇 개월이라도 꾸준히 저축해 보세요. 아주 작은 성취라 하더라도 당신에게 저축할 수 있다는 확신을 줄 것입니다. 좀 더 도전적인 목표를

정하세요.

6. 당신의 목표 달성에 도움을 줄 수 있는 친구들과 목표를 공유하고, 목표에 도달할 때까지 저축을 하세요.

당신이 가진 돈에 대한 성향을 바꾼다는 것

아래의 도표를 다시 한 번 보세요. 당신이 지닌 돈에 대한 성향을 바꾼다는 것은 자산을 축적하고자 하는 욕망, 위험을 감수하려는 태도 또는 이 모두를 바꾼다는 것을 말합니다. 이는 당신이 어디에서 시작하여, 어디로 가길 희망하는 지에 따라 달라질 것입니다.

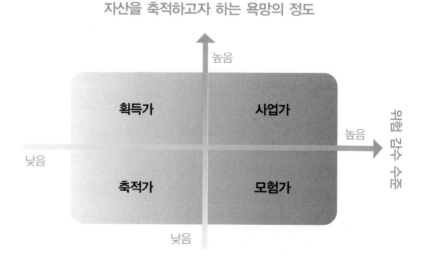

두 가지 측면을 바꾸는 것보다 한 가지 측면만 변경하는 것이 쉬운 것은 당연합니다. 예를 들어 만약 당신이 축적가라면 기업가가 되기 위해 욕망을 키우고 위험 감수도 높여야 할 것입니다. 하지만 당신이 획득가에서 기업가 성향이 되길 바란다면 위험 감수도만 높이면 될 것입니다.

물론, 자산을 축적하고자 하는 욕망이 줄어들 수 있다는 의미도 포함됩니다. 예를 들어 기업가 성향이 축적가 성향으로 전환하고자 한다면 그렇게 될 것입니다. 또는 위험 감수도가 낮아지길 희망할 수도 있습니다. 이는 모험가에서 축적가로 향함을 의미합니다.

돈을 향한 새로운 태도를 습득하는 것이 불가능 하지는 않습니다. 하지만 왜 그것을 원하는지에 대한 명확한 이해가 필요합니다. 투자와 사업에 대한 좋지 않았던 과거의 경험 때문에 위험을 피하고 싶습니까? 좋은 사업과 투자 기회를 찾을 수 있는 당신의 능력을 믿으세요. 전문가로부터 조언을 구하든지, 투자하기 전 좀 더 많은 가능성을 조사하세요.

이 범위를 점점 넓히다 보면 위험을 거의 가져가려 하지 않는 모험가를 찾을 지도 모릅니다. 분석적인 전문가의 조언을 구하는 동안 주요 구매 및 투자 결정을 몇 주간 연기하는 것이 좋은 시작이 될 것입니다.

당신이 이상적으로 생각하는 돈 기질에 대해 생각해 보세요.
현재의 행동과 비슷합니까? 어떤 부분이 다른가요?

사 례

20대 초반인 마커스는 서른 살이 될 때까지 10억 원을 모으고 싶어합니다. 그는 주거지를 변동하면서 낮은 급여를 받으며 아르바이트로 생계를 유지합니다. 남는 시간에 그는 많은 돈을 벌 수 있는 사업을 구상하고 싶어합니다. 어떻게 하면 밑바닥부터 시작해서 충분한 돈을 얻을 수 있는지 알고 싶어합니다.

일터에서 마커스를 만나 상담을 하면서, 그가 이사를 한 뒤에는 300만원 가량의 물품을 구입한다는 것을 알게 되었습니다. 또, 새 차를 구입하면서 1,500만원의 빚을 지고 있었습니다. 매 주 점심값으로 2만원의 비용을 지출한다는 것도 알아냈습니다.

기업가가 되기 원하는 젊은이는 실제로는 모험가 성향을 갖고 있었습니다. 나는 그가 돈은 모으길 원한다면 그의 모험가적 행동을 바꿔야 한다고 조언했습니다. 그의 상황에서 진정한 기업가라면, 중고 자전거를 구입하고, 도시락을 가지고 다니면서 미래 사업에 투자할 돈을 모으고자 했을 것입니다.

CASE STUDY 모험가

단시간에 드라마틱하게 성향을 바꾸는 것은 어렵습니다. 하지만 본인의 성향에서 장점을 극대화하고 단점을 최소화한다면, 자산을 축적하기 위한 전략의 적용이 가능할 것입니다.

이미, 돈 기질에 영향을 미치는 6가지에 대해 이야기한 적이 있습니다.

돈에 대한 믿음
돈을 존중하는 태도
삶의 단계
얼마나 부유한가요?
돈에 대한 경험
동기

새로운 행동을 도입하기 위해서는, 앞서 열거한 각각의 것들이 당신이 지닌 돈 기질에 어떻게 기여하고, 영향을 주는지 기록해 보십시오.

그리고, 부정적인 영향을 줄 수 있는 것들로부터 어떻게 대응할 것인지 미리 생각해 보세요. 시간을 거꾸로 돌리지 않는 한 지나간 날들을 바꿀 순 없지만, 앞으로 남은 날들에서는 대처할 수 있을 겁니다.

간단히 말해, 변화하려면 영향을 받는 모든 것들을 알아야합니다.

몇 가지 예를 들겠습니다.

돈에 대한 믿음

알코올 중독으로 인해, 자신은 돈을 모을 수 없고 가난한 삶을 살 거라 생각했던 안나의 예를 들겠습니다.(사례 참조)

안나는 경제적 환경을 스스로 돌아보았습니다. 수입과 지출을 분석하고 가능한 만큼 저축을 했습니다. 중장기적인 계획에 따라 일정 부분을 저축했으며, 매니큐어 등 소소한 것도 본인이 불편하지 않을 정도로만 구입했습니다.

돈에 대한 존중

돈을 존중하는 것은 가장 좋은 습관입니다. 좋은 습관을 만드는 방법 중 하나는 스스로에 대해 약속하고, 실천하며 매일 객관적 시각으로 자신을 바라보는 것입니다.

몇 가지 예를 들면
납기일 전에 지불하겠습니다.
버는 것보다 소비를 적게 하겠습니다.
쓰기 전에 저축하겠습니다.
일시불로 지불하겠습니다.
선물에는 구입 한도를 정하겠습니다.
돈을 가치 있게 사용하겠습니다.

습관을 바꾸는 것은 쉬운 일이 아닙니다. 한꺼번에 많은 것을 바꾸려 하지 마세요. 하나씩 바꾸고, 목표 달성 시 스스로에게 보상을 주세요. 6개월 동안 저축하고자 했고, 그대로 했다면 자신에게 CD를 선물하는 것도 좋은 방법입니다.

부에 대한 자각, 그리고 어떻게 해야 부자가 될까?

나이, 문화, 돈과 부에 대해 논의하지 않은 채, 다른 사람에 비해 얼마나 부자인지를 논하는 것은 어렵습니다. 먼저, 자산과 부채 목록을 작성해 보세요. 둘의 차이가 순자산 – 지금까지 당신이 쌓은 부의 정도 – 입니다. 스스로 놀랄 것입니다. (긍정적으로 놀라길 바랍니다)

재무상담사를 만나는 것도 좋은 방법입니다. 그들은 현재 당신의 수입과 지출, 저축과 스스로 이루고자 하는 목표를 비교 분석해 줄 것입니다.

개인적으로, 실제의 삶과 꿈꾸는 삶이 다른 고객들을 많이 만나보았습니다. 일부는 (그렇지 않음에도 불구하고) 스스로를 중산층 이하라고 생각하고, 또 다른 사람들은 실제 자산이 본인들의 생각보다 매우 적었습니다.

재무적 경험

경험은 지식입니다. 성공이든, 실패든 그 속에서 많은 것을 얻을 수 있습니다. 돈에 대한 결정을 많이 할 수록 더 많은 경험이 쌓일 것이고, 더 많은 것을 배울 것이며, 스스로를 더 믿게 되고, 위험을 줄일 수 있습니다.

경험에서 배운 것을 바탕으로, 스스로를 실패로부터 보호할 수 있습니다. 마치 전문가와 함께 있는 것처럼요. 특히 잠재적으로 높은 위험성을 수반한 투자의 경우 이는 더 특별해집니다.

집과 아파트, 또는 상가에 투자하는 것은 알기만 한다면 자산을 축적할 수 있는 좋은 방법입니다. 소유욕은 누구나 갖고 있지요. 특별히 큰 방법을 요구하지도 않고, 지식이 없어도 할 수는 있습니다.

처음 부동산을 구입하는 사람들에게, 저는 미리 그 주변에 대해 공부하고, 시장을 살피길 권유합니다. 그리고, 구입 전에 회계사, 변호사, 다른 자산 전문가에게 자문을 구하세요. 자산 축적하는 방법을 찾을 때, 감성이 이성을 앞서게 하지 마세요. 최악의 상황을 준비하십시오. 가장 좋은 방법을 찾은 뒤, 물건을 구입하시길 바랍니다.

사업과 주식 투자에도 동일한 원칙이 적용됩니다. 조사하고, 전문가에게 물어보고, 재정 안정성을 확보한 뒤 실행하십시오.

좀 더 신중해 질 수록 잠재적으로 높은 수익률을
얻을 수 있는 위험 자산에도 투자할 수 있을 것입니다.

동기부여

무엇인가에 열중하고 있다면 성취 동기가 상승할 것입니다. 내가 배웠던 '동기부여'는 일부분 자산 형성에 기여했습니다.

몇 가지 여러분에게 진심으로 추천하고 싶은 것들이 있습니다.
목표를 문서화하거나 그림화하세요.

냉장고, 침대, 문 등의 눈에잘띄는곳에붙여놓으세요.

매일 목표를 다짐하세요. 스스로에게 각인시키고, 몇 번씩 써 보세요.

명상하세요. 매일 오전이든, 밤이든 스스로의 마음을 정화시키고 집중하세요. 책, CD, 또는 강의를 통해 방법을 익히세요. 명상이 불편하다면, 목표에 대해 생각하는 시간을 매일 가지세요.

시각화시키세요. 당신이 되기 원하는 사람을 이미지화하세요. 이 방법은 많은 유명인사들이 공통적으로 사용하며, 놀랍도록 강력합니다.

긍정적인 마인드를 가지세요. 스스로에게 부자가 될 수 있고, 힘이 있다고 되뇌이세요.

동기 부여 CD를 들으세요. 장거리 여행 때 저는 꼭 동기부여 CD를 듣습니다.

당신과 배우자

돈에 대한 논쟁은 사이가 나빠지는 원인이 되기도 하며, 이혼 또는 결별에 이르기도 합니다. 논쟁이 생겼을 때, 이러한 생각을 하는 것이 놀라운 일은 아닙니다. 돈에 대해 다른 생각을 갖고, 위험 수용도가 다르고, 사용 우선순위가 다르고, 재정 안정성에 대한 목표가 다를 때, 이런 관계로 치달을 수 있습니다. 서로간의 차이를 이해하거나 관리하지 못한다면, 다툼은 끝나지 않을 것입니다.

사 례

에릭과 바바라는 각자의 돈에 대한 기질이 다를 경우 어떤 문제가 발생하는지 보여주는 좋은 예입니다. 그들은 40대 중반의 부부로, 4억 원의 가치를 지닌 집을 소유하고 있었으며 부채는 없었습니다.

에릭은 기업가 성향입니다. 그는 많은 은퇴자산을 쌓기 위해서 자산을 축적하기 위한 획기적인 방법을 찾고자 했습니다. 투자의 이점으로, 생산적인 현금 흐름을 만들 수 있다는 세미나에 참석한 그는, 철저한 기준에 따라 자산을 매입하였고, 시간이 지나면 자산 가치가 상승할 것이라 여기는 10억 원 + α 의 포트폴리오를 세웠습니다. 이 계획에 따르려면 부부는 집과 투자자산을 담보로 10억 원 정도를 은행에서 빌려야 합니다.

에릭이 계획을 그대로 따르게 되면 빌린 돈으로 향후 5년 동안 2억 5천만원을 추가로 벌 수 있지만, 축적가 성향의 바바라는 돈을 빌리는 것이 극도로 불편하고, 특히나 집을 담보로 한다는 것이 맘에 들지 않습니다. 둘 사이의 긴장은 심해졌고, 결국 이혼하게 되었습니다. 물론 다른 것들도 있었겠지만, 결과적으로 돈에 대한 다른 관점이 가장 큰 요인이었습니다.

CASE STUDY 기업가와 축적가

돈에 대한 서로간의 다른 관점이 서로를 무조건 나쁜 관계로 가져가진 않습니다. 사실, 이를 아는 것이 매우 유용합니다. 서로의 다름은 현재와 미래의 삶에서 너무 보수적이지도, 너무 위험하지도 않은 균형적인 시각을 제공합니다. 물론, 당신과 주변을 얼마나 잘 관리하느냐에 따라 달려 있습니다.

만약, 당신과 배우자가 다른 모든 부분에서는 좋은 관계를 유지한다면, 돈에 대한 다른 관점은 문제가 되지 않습니다. 배우자의 돈 기질을 이해하고, 당신과 어떻게 다른 지를 안다면 미래를 설계하는 데 도움이 될 것입니다. 또한 좀 더 신중하게 돈을 다루게 될 것이며, 각각의 장점을 모두 가지게 될 수 있습니다.

스스로 돈에 대해 어떻게 접근하는지를 알고,
서로 편안하게 느끼는 방법을 찾아보세요.

지금부터, 당신과 배우자의 돈 기질을 찾아보세요. 여기 몇 가지 조합을 예시하겠습니다.

축적가와 획득가

축적가와 획득가는 위험에 대한 인식이 비슷합니다. 하지만 자산 형성을 바라보는 관점은 다릅니다. 어디에 얼마나 쓸 지에 대해 의견이 다를 수 있습니다. 획득가는 빚을 감당하면서라도 생활 환경을 좋게 하기 위해 집을 리모델링하거나, 새 차를 사고 싶어합니다. 설사 환경이 좋지 않더라도, 축적가는 빚지는 것을 불편해 하지요.

이점

당신과 배우자가 축적가-획득가 조합이라면, 타협을 통해 저축과 소비를 조절할 수 있습니다. 축적가는 돈 그 자체를 목적으로 생각하는 경향이 있기 때문에, 서로는 미래를 위해 현재의 안락함은 포기할 수 있습니다. 축적가는 부채비율이 너무 높지 않게끔 유지하고, 획득가는 서로의 생활이 좀 더 즐겁도록 노력합니다.

축적가와 기업가

모든 조합에서 이 경우가 가장 어렵습니다. 에릭과 바바라의 사례를 기억하십니까? 축적가는 기업가의 무모함을 싫어하고, 투자 계획을 거부합니다. 기업가는 축적가 성향이 과거에만 매달려 있어 앞으로 나가지 못한다고 느낍니다. 이후로 이어질 지속적인 관계에 큰 균열을 일으킬 수 있는 위험을 수반합니다.

이점

축적가–기업가 조합이라면, 서로 어떤 것이 좀 더 중요한지 – 부를 지키는 것과 관계를 지키는 것 – 를 의식적으로 정해야 합니다. 기업가는 재산 축적 기회에 대한 자세한 정보를 제공하여 축적가의 걱정을 덜어주어야 합니다. 가능하다면 대출이나 가족 자산을 이용하기 보다는 기업 자산을 이용하는 등, 투자를 통해 실패할 경우를 위해 몇 가지 대비를 해야 합니다. 만약 투자를 실패했다면, 서로의 충돌을 피하기 위해 각자 돈을 관리하는 등 대책을 세워야 할 것입니다.

모험가와 축적가

축적가는 모험가를 '돈을 아낄 줄 모르는 구제 불능의 낭비벽'으로 간주할 것입니다. 반대로, 모험가는 축적가를 '재미도 없고, 내 앞길을 방해하는 자'라고 여길 것입니다. 축적가가 돈을 벌어 저축할 때 모험가는 소비하기 바쁘기에, 축적가에게 있어 안전하지 못한 자산은 참을 수 없는 고민과 스트레스를 유발합니다.

이점

'재정 절벽 관리자'로서의 축적가와 좋은 관계를 유지하기 위한 비결은, 서로 각 주마다 사용할 금액을 정하는 것입니다. 잔소리할 필요도 없고, 그렇다고 너무 많지도 않게끔 말입니다. 이는 신용 카드 사용 한도를 이용하여 모험가의 주당 개인 용돈 등을 조절할 수 있습니다. 축적가는 모험가가 즉시 사용할 수 없는 연금 등의 자금을 미리 마련해 놓아야 합니다. 모험가는 축적가로부터 돈이 단순한 목적이 아니라 삶을 살아가는 수단의 일부분이라는 것을 배울 수 있습니다.

모험가와 획득가

둘 다 모으기보다는 사용하길 좋아합니다. 하지만 모험가의 경솔하고 충동적인 소비를 획득가는 싫어합니다. 획득가의 분석적 소비를 모험가는 짜증냅니다. 둘의 조합은 성탄절, 생일, 휴일, 집을 꾸미는 등의 이벤트에 엄청난 소비를 초래합니다. 그들의 눈은 은행 잔고보다는 소비 심리에 취해있기 마련입니다.

이점

획득가의 분석적 접근과 모험가의 위험 수반 태도는 엄청난 일을 해낼 수 있습니다. 분석을 통한 위험 수용으로 자산을 축적할 수 있는 기회를 갖고 있습니다. 저축에 재능이 없기 때문에 전문가의 조언을 받아 예산 및 저축 계획을 세워야 합니다. .

기업가와 획득가

기업가에게는 부의 축적이란 성공, 자유, 열정 등에 따라오는 부산물로 여겨지긴 하지만, 두 성향 모두 자산을 축적하고자 하는 욕망이 큽니다. 통 크게 사용하지만, 무엇에 소비하느냐에 따라 종종 분쟁의 소지가되곤 합니다. 획득가는 생활 방식 자체에 쓰길 원하고, 기업가는 미래를위해 투자하길 원합니다. 만약, 기업가에게 천만 원을 준 뒤에, 휴가를다녀오는 것과 50%의 확률로 두 배를 벌 수 있는 투자 기회 중에서 선택하라고 한다면, 아마 투자를 선택할 것입니다.

이점

획득가의 보수적 태도는 기업가의 위험 수반성에 균형을 맞춰줄 것이며, 분석적인 접근은 기업가들에게 새 일에 착수하기 전 조사를 할 수 있도록 과제를 줄 것입니다. 좋은 관계를 유지하기 위해 기업가는 획득가가 추구하는 삶을 제공해야 합니다. 기업가의 투자가 변동이 심해진다면, 획득가는 어려울 시기를 대비하여 지출을 줄여야 합니다. 자산을 유지하는 것에서 만족감을 느끼는 획득가에게는 쉬운 행동일 것입니다.

기업가와 모험가

기업가와 모험가는 이기기 위한 모험을 사랑합니다. 차이라면 기업가는 장기적인 목표에 집중하고, 모험가는 현재의 만족을 원한다는 것입니다. 이 둘의 조합은 안정성이 결여돼 있습니다. 기업가가 축적해 놓은 부를 모험가가 잃을 때, 정말로 위험합니다.

삶이 롤러코스터를 탄 것 같지만 설사 망가진다 하더라도 계속 유지하려 할 것입니다. 둘의 분쟁은 미래를 위해 돈을 준비하고자 할 때, 그 중 일부가 당장 사용 가능하지 못하는 상황이 발생할 경우 일어날 것입니다. 어려울 시기를 대비해야 하고, 은퇴 자산을 미리 축적해야 합니다.

함께 일하기

서로간의 성향이 많이 다른 것은 중요치 않습니다. 방법은 서로의 계획을 공유하는 것입니다. 서로 편하게 느끼는 방법과 목표를 설정하세요. 필요하다면, 몇 가지 제한을 두는 것도 방법입니다.

모험가를 위해 : (수입의 일부분이든, 저축의 일부분이든) 자유롭게 사용 가능한 금액의 한도를 설정하세요.

축적가를 위해 : (수입의 일부분이든, 저축의 일부분이든) 비상예비자금과 장기목적을 위한 안전자산을 확보하세요.

획득가를 위해 : 생활 환경을 여유롭게 만드는 (여행 자금 등) 소비자금을 확보하세요.

기업가를 위해 : (설사 실패하더라도 문제가 생기지 않는) 사업을 위한 투자자금을 확보하세요.

차이의 힘

당신과 배우자가 서로 다른 돈의 기질을 갖고 있다면 축하 할 일입니다. 둘이 같다면 얼마나 나빠질 지 상상해 보세요.

두 명의 모험가 : 엄청난 돈을 쓰고, 무작정 즐기며, 은퇴 시 아무것도 안 남을 것입니다.

두 명의 축적가 : 불편한 삶과, 단지 아이들만 좋을 엄청난 유산을 남길 것입니다.

두 명의 기업가 : 잃고 얻는 것을 반복할 뿐입니다.

두 명의 획득가 : 도심의 대저택과 함께 무거운 부채를 가져갈 것입니다.

돈에 대한 서로의 차이는 긍정적입니다.
서로 타협할 수 있을 것입니다.

부를 축적하기 쉬운 여섯 단계

지금까지, 당신은 스스로의 돈 기질과 이러한 돈에 대한 기질의 영향을 받고 형성되었던 것들이 무엇인지를 알게 되었을 것입니다.

그리고 당신 배우자의 기질 또한 알게 되었을 것이며, 긍정적인 부분과 다른 부분, 어떻게 서로 다뤄야 할 지를 깨달았을 것입니다.

당신이 돈을 향한 행동의 변화를 통해서 새로운 기회를 가질 수 있다는 것도 알게 되었을 것입니다.

이제 부자가 되는 과정을 시작해 봅시다.

STEP 1

잠재 능력을
깨우세요.

부자가 되는 잠재능력은 세 가지에서 비롯됩니다.

돈 기질
현재의 재정 상황
현재와 미래의 잠재적인 수입

여러분은 아마도 지금의 수입과 저축, 투자가 최대한이라고 생각할 지도 모릅니다. 하지만, 정말 그럴까요?

돈 기질

당신이 가진 돈 기질이 당신의 자산 크기를 결정하게 됩니다. 지금까지, 돈 기질이 과거 당신의 자산 형성에 어떠한 영향을 미쳤으며, 어떤 부분에 기여를 하였는지 잘 이해하였을 것입니다.

이제, 변화하길 원하는 몇 가지 태도에 대해 생각해 볼 것입니다. 만약 기혼자라면, 서로간의 기질이 어떻게 다른지를 공유하고, 공통의 목표(부자가 되는 것)을 어떻게 이룰 것인지 같이 이야기하도록 하겠습니다.

이제, 당신의 한계를 넘어 놀랄만한 부자가 되는
방법을 논의해 봅시다.

현재의 재정상황

시작점인 현재 재정상태를 다루는 것은 말할 필요도 없이 중요합니다. 현재 2천만 원을 소유한 30대가 40대까지 10억 원을 갖길 바란다면, 이미 1억 원을 갖고 있는 사람과는 전략과 방법이 당연히 다를 수밖에 없습니다.

회계학에서의 자산이란 자산에서 부채를 뺀 순자산을 의미합니다. 총자산은 당신이 과거에 자산을 어떻게 관리하였는지를 반영하고 있습니다.

　자산을 생활 자산과 투자 자산의 두 개로 나눠보겠습니다. 생활 자산이란 삶에는 필요하지만 자산이 늘어나는 데에는 도움이 되지 않는 것들을 의미합니다. 집, 차, 별장 등이 해당되겠지요. 이들은 유지하기 위해 자금이 소비되지만 감가상각으로 인해 자체의 가치가 상승하진 않습니다. 집과 별장의 경우는 예외일 수 있지만, 시간이 갈 수록 가치가 떨어지는 것은 사실입니다.

너무 많은 돈을 생활 자산에 사용하면
순자산이 줄어듭니다.

투자자산은 수입과 자본이익을 증대시킬 수 있는 자산을 말합니다.
채권, 주식, 투자형부동산 등이 대표적입니다.

　일반적인 사고와는 다르겠지만, 주거용 주택은 투자자산에 해당되지 않습니다. 시간이 지날 수록 가격이 상승할 수도 있지만, 한꺼번에 많은 자산이 묶여버리기 때문에 현명한 방법은 아닙니다. 3억 5천만 원 가격의 집 2채를 구입하여 하나는 주거용으로, 하나는 임대용으로 사용한다면 7억 원 가격의 집을 구입하여 거주하는 것보다 순자산이 더 늘어날 것입니다.

당신의 자산은 얼마입니까?

스스로의 순자산을 측정해 보는 것도 좋습니다. 순자산을 계산해 보면 당신의 목표달성 여부와 목표를 향해서 가는 투자과정을 점검할 수 있습니다. 저는 고객들에게 적어도 일년에 한 번씩은 계산해 보기를 권유합니다.

한 해가 지나고 갑자기 순자산이 확 떨어질 수도 있습니다. 수입보다 지출이 많았다든지, 돈을 빌려줬다든지 한다면 자산이 줄어들 수도 있습니다.

몇 가지 순자산을 계산하는 방법을 알려드리겠습니다.

1. 자산 목록을 만들고 현재 시장가격을 알아 보세요 . 이를테면

생활 자산 – 주택, 차, 미술품, 골동품
투자 자산 – 현금통장, 주식, 임대권, 사업계좌, 퇴직금, 보험금 등등

2. 부채 목록을 만드세요. 부동산 부채, 개인신용부채, 신용카드 사용대금 등등 이자율이 높은 순서대로 차례대로 작성해 보시기 바랍니다.

3. 자산에서 부채를 차감하십시오. 이것이 당신의 순자산입니다. 일하는 동안 진짜로 벌어들인 돈이 얼마인지를 의미합니다.

4. 생활자산과 투자자산을 비교하십시오. 최소의 생활자산과 최대의

투자자산이 이상적인 경우일 것입니다.

  5. 투자자산이 최대의 수익을 올릴 수 있도록 분석하세요. 과거의 성
과뿐만 아니라 미래에 기대되는 성과까지 모두 포함해서 고려해야 합니
다.

  – 지난 한 해 동안의 수익을 계산하려면, 현재의 가격에서 처음
    가격을 뺍니다. 이 차가 가치의 변화입니다.

  – 여기에 당기순이익(세후) 과 투자 수익을 더합니다. 이것이 한 해의
    총 수익입니다(만약 당신이 투자를 통해 더 많은 돈을 벌고자
    한다면, 이를 조정해야 합니다)

  – 총 수익을 처음 가격으로 나눕니다. 한 해의 수익률을 의미합니다.

  – 이 수익률을 가능한 투자 기회의 미래 기대수익과 비교하여, 투자를
    유지할지 바꿔야 할지를 결정합니다. 당신이 감수할 수 있는 위험에
    비해 얼마나 높은 수익을 가져다 주는지도 고려해야 합니다.

  – 부채를 고려하세요. 투자하기 위해 부채를 이용하셨습니까? 이자율
    보다 수익률이 높은가요? 또는 생활 자산을 담보로 돈을 빌렸나요?

되도록, 생활자산은 최소로 구입하는 것이 자산을
늘리는 가장 좋은 방법입니다.

순자산을 늘리는 5가지 불문율

1. 생활을 유지하기 위한 물품 구입은 최소로, 투자 자산을 최대로 늘리세요.

2. 일상에서의 소비, 차량 이용, 일시적으로 사용하는 물품에 소비하는 것을 주의하십시오.

3. 부채와 그에 대한 이자는 최소로 줄이세요.

4. 투자자산이 최대의 수익을 올리는 시점을 찾으세요.

5. 수입 중 일부분은 저축하여 투자 자산을 구입하거나 부채 상환에 사용합니다.

1. 생활을 유지하기 위한 물품 구입은 최소로, 투자 자산을 최대로 늘리세요.

현명한 투자자는 자신의 돈을 합리적으로 사용할 수 있는 가장 좋은 방법을 찾습니다. 다시 말해, 최고의 수익률을 추구합니다.

주거 공간에 자금을 투입하는 것은 언제나 집의 가치를 올려주는 것은 아닙니다. 설사 그렇다 하더라도 투자 자산을 통해서 얻을 수 있는 수익이 가정에 지출하는 것보다 더 많은 이득을 창출할 수 있을 것입니다.

집은 은퇴자산이 아닙니다.

많은 사람들이 착각하는 것 중 하나가 집에 잘 투자하면 은퇴자금을 마련하는 것보다 더 낫다고 생각하는 것입니다. 하지만, 집을 팔아 은퇴자금을 마련한다는 것은 신화에 가깝습니다 (현실성이 떨어집니다)

제 고객들이 은퇴하는 경우를 종종 보았습니다. 대부분의 사람들이 생활 수준을 낮추거나, 비록 삶의 가치를 높인다 하더라도 집의 크기를 줄이는 것을 어려워합니다. 실버타운에 들어간다 할 지라도 구입 비용 또는 유지비가 있어야 하며, 이는 상대적으로 높은 편입니다.

부자가 되기 위해서는

- 합리적인 가격의 주택에 거주하세요.
- 충당 가능한 수준의 부채를 가져 가십시오. 대여비용이나 사업부채는 자본이익 또는 고정수입에서 꾸준히 창출되어야 합니다.
- 시간이 지나면서, 원한다면 투자 이익을 확정 지은 뒤 집을 업그레이드 하십시오. 그리고 가치가 상승한 부분 이상의 빚을 지지 않도록 하십시오. 아니면, 단순하게 투자금액이 부동산 부채와 연관되지 않게 재투자하는 방법도 있습니다.

주거용 자산의 가치를 의도적으로 낮게 설정하라고 하는 것이 반드시 부동산 시장에서 떠나란 이야기는 아닙니다. 언젠가는 늦게라도 분명히 자신 명의의 집은 필요할 것입니다. 집은 낭신이 사고 싶다고 해서 항상 그 가격에 머물러 있지는 않습니다.

주택 소유로 인한 관리, 세금 등에서 자유롭고 싶다면, 월세나 전세 등 다른 사람이 구입한 집을 빌리는 방법도 생각해 볼 만 합니다. 실제로 집을 구입하는 것은 일이나 생활에서 제한을 덜 받든지, 아니면 충분히 집을 구입할 정도의 능력이 될 때 실행하는 것도 방법이 될 수 있습니다. 신경 써서 관리하고 싶은 생각이 없다면 관리인을 두는 것도 좋습니다.

2. 소비를 주의하세요.

'소비' 와 '투자' 를 정확히 구분하여 현명하게 돈을 사용하십시오.

'소비' 는 영속성이 없거나, 재 판매 시 원래의 가치보다 가격이 내려가는 상품을 구입하는 것을 말합니다. 빵, 선물, 해외여행, 일반 가정도구 등이 여기에 해당됩니다.

'투자' 란 원래의 가치보다 높은 가격에 되팔 수 있는 것들을 의미합니다. 부동산, 주식, 사채, 골동품 등이 여기에 속합니다.

투자의 극대화, 소비의 최소화로 순자산을 증가시키세요.

3. 부채를 최소한으로 유지하세요.

이자비용을 지불하는 것은 자산형성에 부정적인 영향을 미칩니다. 재정적으로 가장 좋은 방법은 부채를 최소한으로 만드는 것입니다.

그렇다고 대출이 항상 나쁜 것만은 아닙니다. 무엇을 위해 빌리느냐에 따라 다릅니다. 순자산은 자산에서 부채를 뺀 것이긴 합니다만, 부채를 통해 투자를 할 수 있다면 자산이 늘어난 것만은 분명합니다.

예를 들어, 1억 원을 빌려서 1억 5천만 원 투자를 했다면, 당신의 순자산도 증가할 것입니다. 물론, 항상 미래가치가 확정적이지는 않기 때문에, 어느 정도의 위험성은 존재합니다.

반대로, 돈을 빌려 '소비'를 했다면 당신의 순자산은 감소할 것입니다. 예를 들어, 대출을 받아 해외여행을 다녀오는 것이 여기에 해당됩니다.

4. 최고의 수익률을 찾으세요.

항상 '어떻게 투자할까?' 란 선택이 존재합니다. 앞에서도 말했다시피, 평균 순자산을 계산해 보세요. 당신의 투자자산이 위험률 대비 최고의 수익률을 올렸나요? 대답이 '아니요' 라면 재산 축적의 기회를 놓친 것입니다.

모든 투자는 기회비용을 발생시킵니다. 즉, 어딘가에 투자한다면 그 대가를 받아야 합니다.

투자는 매년 평가 받아야 하고, 비슷한 수준의 다른 투자 대상과 비교하여 현재의 수익이 계속 유지되거나, 미래에 나아질 수 있을 때에만 유지해야 합니다. 그렇지 못하다면 투자를 계속 할 이유가 없습니다.

투자를 잘 하셨던 아버지로부터 많은 주식을 물려받은 고객 한 분은 수익률이 하회하고 있음에도 아버지의 유산을 지켜야 한다는 생각에 처분하기를 꺼려합니다.

비슷하게, 다른 고객은 자신이 투자한 큰 프로젝트에서 조언을 받았던 컨설턴트의 권유로 구입한 투자상품의 수익률을 고려하지 않은 채, 매도하려 하지 않습니다.

5. 수입 중 일부를 저축하세요.

저축할 수 있는 능력은 당신의 수입이나 지출과 큰 관계가 없습니다. 1억 원 이상의 수입을 가지면서도 저축을 안 하는 사람들과, 중간 수준의 수입을 갖고도 저축을 잘 하는 많은 사람들을 만나 보았습니다. 대부분의 경우, 후자가 전자에 비해 더 재산을 많이 축적했습니다.

부자가 되길 원한다면, 버는 것보다 덜 써야 합니다.

당연한 말이지만 사람들은 이렇게 행동하지 않습니다. 대부분의 사람들은 일생 동안 10 ~ 20억 원의 돈을 법니다. 하지만 이 돈이 어디로 갔는지 아는 사람은 아무도 없습니다.

당신의 돈은 어디로 갔을까요?

총수입이 얼마이고 어디에 사용하는지 아는 것은 필수적입니다. 이를 통해 저축률을 증가할 수 있는 방법과 수입−지출을 어떻게 조절할 지를 결정할 수 있습니다.

　지난 2년 동안 얼마를 벌었고, 얼마를 소비했는지 계산해 보십시오. 최근 3~6개월의 수입과 지출에 대해 분석해 보시기 바랍니다.

수입

수입은 근로 소득과 사업소득, 이자소득 및 기타소득 모두를 포함합니다.

지출

3가지 형태로 분류하십시오.

고정지출

　당신 삶의 스타일이나 자신이 변하지 않는 한 (집을 팔거나 하지 않으면) 고정적으로 매달 일정하게 나가는 비용을 의미합니다. 여기에는 이자, 부동산 대출금, 보험료, 자동차세 등이 포함됩니다.

고정적 지출

　필수적이긴 하지만, 어느 정도 조절이 가능한 지출을 말합니다. 통신비는 유동적이나, 어느 정도는 줄일 수 있습니다. 식료품을 사는 것도 마찬가지며, 전기세, 자동차 유지비, 의류, 의료비 등이 해당됩니다.

변동지출

꼭 필요한 것은 아니지만 삶의 질을 높일 수 있는 물품들의 구입 비용을 말합니다. 외식, 영화관람, 해외여행 등입니다.

회전지폐(회전목마에 빗댄 표현)

축적가

저축을 잘 하며, 빚을 지기 싫어합니다. 선천적으로 보수적인 투자자이며 투자하기 위해 대출받는 것이 불편합니다.

모험가

돈을 쓸 기회만 있다면 사용합니다. 저축률이 현격히 떨어지며, 순자산은 거의 없을 가능성이 높고, 부채가 많을 것입니다. 높은 부채로 인해 걱정이 된다 한들, 생활이 바뀌진 않을 듯 합니다.

획득가

아마 집을 개조한다든지, 가구를 새로 놓는 등 돈을 현명하게 사용하고 싶어할 것입니다. 순자산은 높은 생활수준에 따른 많은 지출로 증가되지 않을 것이며, 투자도 낮을 것입니다. 지출이 많기에 저축은 어려울 것이며 하루 벌어 하루 사는 느낌을 받을 것입니다.

기업가

높은 수입이나, 많은 수익을 얻기 전까지 투자에 관심이 많을 것입니다. 언제라도 집을 팔아 투자 재원을 마련할 준비가 되어 있습니다. 위험 감수도가 높아 순자산과 수입이 투자 실적에 따라 변동될 것입니다.

STEP 2

당신에게 돈으로 할 수 있는 일은 무엇입니까?

돈 버는 게 쉽다고 누구도 얘기하지 못합니다. 진심으로 돈을 원한다면, 먼저 왜 필요한지를 알아보세요. 계획을 세워 실천한다면, 재산 축적은 마라톤 완주나, 악기 연주를 잘 하기 위해 연습하는 것보다 어렵지 않습니다.

얼마나 많이 운동에 대해 이야기합니까? 체육관에 등록하고 운동기구와 운동화를 구입합니다. 이것들이 실제로 운동하진 않지만 스스로에 대한 변명거리가 되는 것은 아닌지요? 시간이 없어서, 날씨가 추워서, 등이 아파서, 애들을 돌봐야 해서 등등 아닌가요?

비슷하게, 오랜 시간 배웠지만 기타나 플룻을 제대로 연주하지 못하지 않나요?

이는 동기가 부족하기 때문입니다. 운동을 잘 하려면 집중과 많은 연습이 필요합니다. 연주자들은 목표에 도달하기 위해 열성적으로 연습하고, 청중 앞에서 연주합니다. 또는 합주단에 들어가기도 합니다. 이 같은 행동은 스스로의 변명거리를 줄여줍니다. 부를 축적하는 것도 이와 다르지 않습니다.

삶에서 돈이 어떤 의미인가요?

당신이 생각하는 가치에 따라 대답은 달라질 것입니다. 돈은 많은 것을 제공해 줍니다.

안정된 삶

행복

마음의 평화

재미와 모험

가족과 친구들을 도와줌

다른 사람과의 삶의 차이

당신의 삶에서 돈의 역할과 의미가 명확하다면 어떻게 돈을 모을 것인지 방향을 정할 수 있습니다. 재정적 목표 달성을 위해 스스로 동기화가 될 것입니다.

돈이 얼마나 필요합니까?

극단적으로, 불교 승려처럼 행동해야 할 부분도 있습니다. 단지, 삶에 대해 탐구하기 위해 최소한의 음식, 잠자리, 명상만이 필요할 수도 있습니다.

극단적으로는, 엄청나게 큰 부자가 되어 가난을 없앨 정도의 기금을 조성하려 하는 계획을 세워야 할 수도 있습니다.

대부분의 사람들이 원하는 것은 이 두 극단 사이에 위치합니다. 편안한 집에서 살고, 아이들에게 좋은 교육환경을 제공하고, 때로는 귀중품을 구입하기도 하면서 돈 걱정 없이 살기를 희망합니다. 가끔씩 여행도 가길 원하며, 일은 점점 더 적게 하길 바랄 것이며, 편안하고 안정된 은퇴 생활을 꿈꿀 것입니다.

당신이 느끼는 필요성은 돈 기질에 강력한 영향을 줄 것입니다.

획득가

당신은 돈을 성공의 수단으로써 보여주기를 바랍니다. 그럼으로 당신은 진정으로 원하고, 지속될 수 있는 가치가 무엇인지 찾고, 이를 구체화하는 것이 필요합니다.

기업가

성공을 위해, 스스로의 열정을 충족할 수 있도록 돈이나, 재산을 이용할 것입니다. 어떤 타입보다도 부자가 될 가능성이 높습니다.

축적가

안전이 최우선입니다. 모토는 '분수에 맞게 살자' 이며, 많은 돈을 벌려고 하지도 않습니다. 당신에게는 목표와 한계를 좀 더 넓히는 것이 필요합니다.

모험가

'돈 = 일시적 만족' 이며 즐거움과 재미를 항상 추구합니다. 모험가에게 장기적 목표를 위한 희생은 어려운 일입니다. 다른 어떤 타입보다 삶에 대한 목표와, 돈으로부터 얻고자 하는 것을 분명히 할 필요가 있습니다. 그리고 목표를 달성하게 되면, 그에 대한 보상을 해줄 필요가 있습니다.

사 례

메리는 포트폴리오 중 상당 부분을 투자로 구성합니다. 그녀는 여기서 수입을 얻으며, 파트타임으로 일하고, 남는 시간은 공동체에 힘을 쏟고 있습니다. 돈을 많이 벌거나, 사치를 하는 것보다 그녀는 남을 돕는 것에 관심이 많습니다. 다른 사람들이 물질적인 것에 관심을 쏟을 때 메리는 (봉사활동 등에) 더 열정적이고, 행복함을 느낍니다.

다른 고객인 수지는 삶에서 모험하는 것을 좋아합니다. 페루에서 트래킹, 나일강에서의 노젓기, 태국에서 코끼리 타기 등등 매년 다른 나라를 돌아다니며 새로운 경험을 쌓기를 원합니다. 그녀는 돈을 '모험에 쓰는 것'이라고 여기고 있기에, 휴가를 위해 저축하는 것이 그리 어렵지 않습니다. 그렇다고 모든 돈을 다 여행에 사용하는 것은 아닙니다. 안정된 은퇴생활 또한 그녀에게 매우 중요하기 때문에 같은 수준의 돈을 연금으로 준비합니다. 수지의 생활은 매우 기본적입니다. 작은 집에서 약간의 물품만 구입합니다. 하지만 친구들이 많으며, 많은 이야깃거리가 있습니다.

마이크와 제리에게 아이들의 교육은 가장 큰 관심대상입니다. 좋은 교육환경을 제공하기 싶지만 학자금 대출을 받기를 원하진 않습니다. 아이들은 아직 어리고, 대학까지는 약 10년이 넘게 남아있기에, 그들은 비용을 아낄 수 있습니다. 사실, 그들은 아이들 교육자금과 은퇴자금에 나눠 돈을 투자하고 있으며, 부채는 적습니다. 아이들로 하여금 자신들의 돈을 모을 수 있도록 하여 은퇴자금에서는 추가적인 비용이 나가지 않게끔 하고 싶습니다. 은퇴 후, 마이크와 제리는 모아둔 자산을 잘 활용할 수 있을 것이며, 아이들을 충분히 부양했다는 것을 스스로 느끼게 할 것입니다..

프란체스카는 남편을 따라 뉴질랜드로 이민을 갔습니다. 그들 부부는 수입이 많았으며, 프란체스카는 55세가 되기 전까지 노동 시간을 줄이고, 남은 시간엔 다른 이민자들을 위해 영어를 가르치고 일자리를 구해주고 싶은 꿈이 있습니다. 이를 위해서, 그녀는 일하는 시간과 노력을 추가로 들이지 않으면서, 수입이 발생하는 건물임대 수입과 같은 투자포트폴리오가 필요합니다.

칼과 바네사는 가정적인 부부입니다. 바네사보다 10살이 많은 칼은 아이를 한 명 두고 있으며, 그의 부모님은 70대이시며, 임대주택에서 사십니다. 칼은 집을 한 채 구입하여 부모님이 편찮으시기 전에 돌봐드리고 싶어합니다.

CASE STUDYS 돈의 역할

당신의 인생에서 돈의 역할은 무엇입니까?

가족이나 공동체를 위해 돈을 사용하고 싶은가요? 여행이나 교육을 통해 삶을 풍족하게 하고 싶을지도 모릅니다. 차별대우를 받는 사람들이나, 자연 보호 등에 힘쓰고 싶어할 지도 모릅니다.

당신에게 있어 돈은 어떤 의미인지 체크해 보시기 바랍니다.

□ 재정적인 안정
□ 재정적인 자유
□ 재정적인 독립
□ 가족을 위한 편안한 삶
□ 환경/사회단체 등을 돕는 것
□ 전문적인 발전
□ 즐기는 것
□ 새로운 곳을 탐험하는 것
□ 정신적인 발전
□ 주변과 다르게 사는 것
□ 행복
□ 조화롭고 편안한 삶
□ 편안한 주변 환경
□ 개인적인 지위
□ 기타_____

5개를 고르십시오.
이것이 **당신이 지닌 가치**입니다.

STEP 3

얼마나 많은 돈을 갖고
싶어하는지
스스로 결정하기

긴 안목에서 보면, 우리가 얻고자 하는 것을 어떻게 설정하고 선택하느냐에 따라 삶은 결정됩니다. 성공을 어떻게 정의하던 높은 성취욕을 지닌다면 좀 더 높은 곳에 올라갈 수 있습니다.

살면서 얼마나 많은 돈을 모으고 싶나요? 이를 확인하기 위해서 몇 가지 목표를 정해야 합니다. 어디에서 사는지, 얼마나 돈을 소비하는지, 시간과 에너지를 어떻게 사용하는지, 얼마나 열심히 일하는지, 그리고 얼마나 많이 저축할 것인지가 모두 당신의 선택에 중대한 영향을 미치게 됩니다.

목표는 개인적 가치에 수반합니다. 만약 목표와 가치가 모순된다면, 시간이 지날수록 가치에 따라 움직이게 될 것이며, 결국 목표를 달성하지 못하게 될 것입니다.

가치가 목표에 영향을 미치는 것을 이해하기 위해서, 스스로 하늘을 나는 새라고 생각해 보세요. 만약 당신의 가치와 목표가 일치한다면, 꼬리는 바람을 타고 당신이 목적지로 날아 가도록 도울 것입니다. 하지만 반대라면, 마치 맞바람을 맞은 것처럼 진척이 없을 것입니다. 만약, 당신의 가치와 목표가 일부만 일치한다면, 당신은 옆바람을 타고 나는 것처럼 일부만 이룰 것이며, 원래의 의도와는 달라져 있을 것입니다.

목표를 작성하세요.

목표를 작성하여 써 붙이고 주변 사람들과 공유하는 사람들은 그렇지 않은 이들보다 좀 더 쉽게 달성합니다. 스스로 동기화하여 집중하기 때문입니다.

목표를 이루려면 어떻게 해야 하는지를 확실히 인지할 수 있도록 구체화시키세요. 각각의 목표에는 시간과 돈이 필요합니다. 예를 들어, 부동산 부채를 최대한 빨리 갚고 싶어한다고 가정해 봅시다. 주기적으로 얼마를 갚아나가야 하는지, 얼마나 걸리는지 계산할 수 있습니다. 계산이 끝났다면, 앞으로 10년 동안 일 년에 1,000만원씩 목표에 더 가까워질 수 있을 것이라고 이야기하세요.

강제목표 – 비상예비자금

누구나 비상예비자금이 필요하다는 것을 알고 있습니다. 준비되지 않았다면, 이를 첫 번째 목표로 삼으세요.

최소한 3개월의 수입은 가지고 있어야 합니다. 세 후 연 소득이 4,800만원 이라면 통장에 적어도 1,200만원은 있어야 합니다.

만약 주택담보대출이 있다면 일시적으로 당신이 돈을 벌지 못할 때 비상자금이 대신하여 납부할 것입니다. 정말 급할 경우에만 신용담보를 사용하세요. 당신이 모험가, 획득가 또는 기업가 타입이라면 신용담보의 한계를 스스로 넘지 않도록 하세요. 만약 그렇지 못했다면 빠른 시일 내에 회복하도록 하세요.

당신이 현금보다는 신용카드로 비상자금을 이용하길 원한다면, 목표금액과 달성하기 위해 절약해야 하는 수준을 정하고, 가장 높은 수익률을 얻을 수 있을 때 투자하세요. 일부 은행들은 당신의 주택담보대출과 자산의 균형을 맞춰주는 관리시스템이 있기도 합니다. 이들은 비상자금을 부채와 분리하고, 최소한의 이자만 납부하게끔 도와줍니다.

은퇴 전 목표와 은퇴 목표

비상자금을 확보했다면, 은퇴 전 일상생활에서의 목표와 은퇴 후 목표를 고려해야 합니다. 이는 삶에서 중요한 두 시기입니다. 은퇴 이후의 삶은 당신이 일할 때의 수입에 의해 결정됩니다. 은퇴는 젊은 나이에도 올 수 있습니다.

두 시기를 분리하여 생각해야 하는 몇 가지 이유가 있습니다. 은퇴 후에는, 노력한다 하더라도 자산을 늘릴 수 있는 능력이 크게 감소합니다. 주로 간접적인 소득에 의존하며, 어떠한 이유에 의해서든 감소한 자산은 회복하기 어렵습니다.

그렇기 때문에 은퇴 목표를 이루려면, 그 때 필요한 만큼의 은퇴자산을 만들어야만 합니다. 일할 수 있을 때, 상당량의 돈을 은퇴 전 목표와 은퇴 후 목표를 위해 축적해야만 합니다.

은퇴 전 목표
일상적인 삶의 목표는 가장 중요합니다

개인적인 발전
건강과 참살이
정신적인 발전

배우자, 가족, 친구들과의 관계

사업

사회적 삶

공동체의 발전

기타 당신에게 중요한 것들

어떤 목표든 시간적, 물질적인 노력이 필요합니다. 휴가비용으로는 일 년에 500만원이, 아이의 대학자금으로는 일시불이든 10년 동안 갚든, 2,000만원의 돈을 모아야 할 것입니다.

원칙	목표
재정적 자유	5년 이내로 연 소득 1억 만들기
재정적 안전	3년 동안 1억 원 부채 상환
편안한 생활 환경 만들기	5년 안으로 5억 원 가격의 집 소유하기

각각의 목표를 달성하기 위해 매년 저축해야 합니다. 저축하는 방법을 모른다면, 전체 필요한 자금을 똑같이 나누어 매년 일부를 실행하면 됩니다. 1,000만원을 20년 동안 모으고자 한다면 매년 50만원씩 모으면 되는 것입니다.

그러나 다행히도 복리를 이용한다면, 저축해야 할 금액을 상당 부분 줄일 수 있습니다.

세 후 수익률이 3%라고 가정하겠습니다. 천만 원 모으려면, 매년 얼마나 저축해야 하는지를 아래 표를 통해 확인하십시오.

원칙	1,000만원을 모으기 위해 매년 저축해야 하는 양 (단위: 천원)
5년	1,883
10년	872
15년	534
20년	372
25년	274
30년	210
35년	165
40년	133

복리의 효과가 여기에 나타납니다. 20년 동안 1,000만원을 모으기 위해서, 매년 50만원씩 모아야 하지만, 복리를 이용할 경우 매년 372,000원 만 모으면 됩니다.

1,000만원 보다 더 많거나, 더 적게 모으길 원한다면 이 금액에서 숫자를 바꾸면 됩니다. 2,000만원을 10년 동안 모으길 원한다면 872 X 2 = 1,744천원을 저축하면 되고, 15년 동안 500만원을 원한다면 534 X 0.5 = 267천원 이 필요합니다.

당신의 은퇴 전 목표는 중/장기 (5년 이내/이후)로 나누어 생각해야 합니다, 왜냐하면, 투자 전략을 각각 다르게 가져야 하기 때문입니다.

은퇴 목표

은퇴 전 목표와 더불어 은퇴 후 목표 또한 필요합니다. 일하는 것을 그만둘 수 없지만, 하루 정도는 일하는 시간을 줄이거나 보다 많은 여가 시간을 가지세요. 여러분은 은퇴 후 삶을 위해서 충분한 돈을 갖고 있기를 희망할 것입니다.

목표 중 일부는 수입을 통하여, 일부는 자산으로 달성할 수 있을 것입니다. 목표 달성을 위한 계획을 세우기 위해서 둘 사이를 분리하세요. 수입은 적으며 자주 발생하고, 자산은 크고 드물게 그리고 일시적으로 발생기 때문입니다.

목적	은퇴목표	비용(천원)	수입 또는 자산
재정적 안정	은퇴 후 비상자금	10,000	자산
편안한 환경	차량 교환	50,000	자산
의미 있는 경험	70세 이전 3개월 동안 해외여행	40,000	자산
가족과 친구들과의 관계	친구들과 식사 (2회/월) 음악회 (4회/연)	4,000	수입
	가족과의 여행 (1회/연)	3,000	수입

은퇴 계획에 다음 세가지 과정이 필요합니다.

1. 연 수입으로 얼마가 필요한지
2. 이 소득을 만들기 위해 얼마의 자산을 축적해 놓아야 하는지
3. 지금부터 은퇴 때까지 이 자산을 만들기 위해서 얼마만큼 저축을

해야 하는지

여기에, 은퇴까지의 시기가 많이 남아 있다면 물가 상승률도 감안해야 합니다. 가장 좋은 계산 방법은, 현재 가치로 모든 비용을 계산한 뒤에 물가상승률을 고려하는 것입니다. 은퇴 시기에 축적된 은퇴필요자금에서 발생하는 수입도 있기 때문에 이 또한 계산해야 합니다. 현재가치로 계산하는 것이 좀 더 의미가 있습니다.

은퇴 수입 계산하기

은퇴 후 매년 얼마만큼의 수입이 필요한지 계산하기 위해서, 먼저 기본 생활자금으로 얼마만큼 필요한지를 알아야 합니다. 현재 정부에서 지급하는 연금금액을 참고자료로 사용할 수 있습니다. 한국에서의 국민연금 예상지급액은 국민연금공단 홈페이지(www.nps.or.kr)에서 확인 가능합니다.

은퇴 수입을 계산하는 또 다른 방법으로 본인의 생활자금을 통하여 계산할 수 있습니다. 예를 들어 현재 수입의 70%를 사용하겠다고 한다면 이는 평균적인 양이 될 것입니다. 너무 높거나 낮지 않게 잡아야 합니다.

좀 더 세밀하게 계산하려면, 은퇴 시 필요한 각각의 자금을 하나하나 계산하는 것도 방법입니다. 이 때는 (부동산) 부채는 없다고 가정하고 해야 합니다.

기본 생활자금을 계산한 뒤, 은퇴 후 목표로 하는 금액을 더하면 당신이 필요로 하는 자금이 될 것입니다.

아래 내용은 50대의 피터와 헬렌 부부가 은퇴 후 필요한 금액을 계산한 것입니다.

은퇴 목표	금액(만원)
기본 생활자금	20,000
매년 뉴질랜드 또는 호주로 휴가	3,000
외식 및 문화생활	4,000
집 유지비용	2,000
헬스 및 레저	1,000
계	30,000

은퇴 자산 계산하기

당신이 일할 수 있는 정도가 감소하거나, 전혀 일을 하지 못한다면 은퇴 때까지 모아놓은 자산을 사용해야 할 것입니다. 원하는 금액에서 정부에서 지원 가능한 금액은 제외하고 계산하면 됩니다. 만약 공적연금과 비슷하거나, 더 적게 사용하기를 원한다면 계산 할 필요가 없겠지요.

은퇴 후 수입이 얼마나 필요한지 계산했다면, 은퇴 후 필요한 은퇴자산이 얼마나 되는지 계산할 수 있을 것입니다. 먼저, 몇 가지 가정을 합니다.

일정 시점 이후엔 은퇴자산에만 의존합니다. (설사 일을 더 할 수 있을지라도)

잔여 수명을 계산합니다. 평균 연령으로 여자는 82세, 남자는 77세입니다. 또는 가족력을 기반으로 계산합니다.

자녀를 위해 얼마를 상속할 지를 고려합니다. 은퇴자금 자체가 만들어 내는 (이자)소득이 필요로 하는 자금을 보충해 줄 것입니다.

예를 들어, 잔여 수명을 20년, 세 후 이자수익률을 3%, 상속으로 5,000만원을 남기고 싶다면(부동산 포함하여) 아래의 표를 통하여 은퇴자산으로부터 얼마만큼의 수입을 얻을 수 있는지를 알 수 있습니다. (연금 소득 제외)

투자를 통해 얻고자 하는 수익 (천원)	필요한 은퇴 자산 (천원)
5,000	104,000
10,000	108,000
15,000	258,000
20,000	334,000

이를 바탕으로, 은퇴 목표를 달성하기 위한 전체 금액을 구할 수 있습니다.

사 례

피터와 헬렌의 계산 (단위: 천원)

1단계 – 투자자산으로부터의 수입

연간 필요자금	30,000
마이너스 공적연금	20,000
투자자산으로부터의 수입	10,000

2단계 – 필요한 자산 (단위: 천원)

이자로 10,000를 얻으려면 필요 금액	108,000
은퇴 후 소비비용	
새 차	20,000
새 도자기	2,000
해외여행	30,000
필요한 은퇴자산	**160,000**

CASE STUDY 은퇴자산

은퇴를 위한 저축금액 계산하기

    은퇴 후 얼마가 필요한지 알았다면, 매년 얼마만큼을 저축해야 하는지 알 수 있습니다. 은퇴자금을 지금부터 준비하지 않는다면 집을 연금으로 사용해야 하기 때문에 부동산 부채상환이 늦어지거나, 아이들이 집에서 살지 못할 수도 있습니다.

은퇴를 위한 준비가 길면 길수록 매년 저축해야 하는 금액이 줄어듭니다. 일찍 시작한다면 작은 금액으로도 충분히 가능합니다.

얼마나 필요한지 계산해 봅시다.

1. 현재 가치가 미래에 얼마인지 계산해 봅시다. 세 후 수익률 3%라면 천만 원 투자 시

경과 년 수					
금액(천원)	5년 후	10년 후	15년 후	20년 후	25년 후
10,000	13,049	16,583	20,680	25,431	30,938

피터와 헬렌은 15년 뒤 은퇴합니다. 3%로 투자할 경우 5,000만원을 갖고 있으므로, 은퇴 후 이 돈은 1억340만원 (20,680천원 X 5배) 이 됩니다.

2. 현재 보유금액을 미래 가치로 환산하여, 필요 금액에서 이를 뺍니다.

피터와 헬렌은 1억6천만 원이 필요하고 현재 금액으로 1억340만원을 충당할 수 있습니다. 따라서 추가로 5,660만원이 필요합니다.

3. 목표 금액까지 얼만큼 모아야 하는지를 계산합니다.

세 후 수익률 3% 가정 시, 1,000만원을 모으기 위해 매년 얼마나 모아야 하는지 아래 표에 나와있습니다.

저축기간	1,000만원을 모으기 위해 매년 저축해야 하는 금액 (단위: 천원)
5년	1,883
10년	872
15년	534
20년	372
25년	274
30년	210
35년	165
40년	133

만약 1억 원을 목표로 한다면 이 표의 금액을 10배로 늘리면 됩니다.

피터와 헬렌은 총 1억6,000만원이 필요합니다. 현재 준비된 금액을 제하고 나면 추가로 5,660만원이 필요합니다. 표를 이용하여, 매년 302.2만원을 저축해야 합니다 (534천 원 X 5.66배)

사 례

피터와 헬렌의 은퇴자금 계획

– 5천만 원 자금으로 시작

– 세 후 수익률 3% 가정 시 15년간 매년 3,022천원씩 저축해야 함. 65세
은퇴 시 1억6,000만원이 필요하며, 5,200만원을 사용할 예정

– 세 후 수익률 3% 가정 시 20년 동안 연간 1,000만원씩 수입이 들어오
며(자산으로부터 나오는 이자), 여기에 공적연금이 추가됨.

– 20년 후, 5,000만원을 상속재산으로 남길 예정

CASE STUDY 은퇴자산 준비 계획

부동산 부채

부동산 부채가 있다면, 은퇴자금을 모으기 보다는 이를 모두 갚아나가
기를 원할 것입니다.

예를 들겠습니다.

35세인 당신이 65세에 은퇴한다면, 30년이 남았습니다. 앞으로 15년
동안 부동산 부채를 모두 해결할 수 있으면, 50세가 되어서 남은 15년
동안 은퇴자금을 모으고자 할 것입니다.

먼저 부동산 부채를 해결하는 것은 특정 경우에만 고려하여야 합니다. 167페이지(단기부채 상환)를 참조한다면, 먼저 갚아야 하는지 모아야 하는지를 알게 될 것입니다.

단순화

은퇴자금 계산이 너무 복잡하다면, 인터넷을 통해 간단하게 계산할 수 있습니다.(www.sorted.org.nz를 참조하거나, 도표를 참조하십시오)

아래의 표는 65세에 은퇴하고 20년 동안 사용한다고 가정했을 때 받을 수 있는 연금액과 당신이 매년 불입해야 하는 금액을 나타냅니다.

		연금 불입 시작 연령(단위: 세, 천원)							
		25	30	35	40	45	50	55	60
개인 연금 + 공적 연금 으로 받을 수 있는 연간 수입	5,000	65	84	110	148	207	308	514	1,138
	10,000	130	167	220	296	414	646	1,027	2,277
	15,000	195	251	330	444	621	924	1,541	3,415
	20,000	260	335	440	594	828	1,232	2,054	4,554
	25,000	324	419	550	740	1,035	1,540	2,568	5,629
	30,000	389	502	660	888	1,242	1,848	3,082	6,831
	35,000	454	586	770	1,036	1,450	2,156	3,595	7,969
	40,000	519	670	880	1,185	1,657	2,464	4,109	9,108
	45,000	584	754	990	1,333	1,864	2,772	4,622	10,246
	50,000	649	837	1,099	1,481	2,071	3,080	5,136	11,385

이 표는 은퇴 전 세 후 수익률 4%, 은퇴 후 세 후 수익률 3%로 가정하였으며, 물가 상승률은 감안하지 않았습니다. 은퇴 후 20년 동안 사용한다고 가정했습니다.

모든 부분을 고려하십시오.

이제부터, 목표를 정하고 거기에 맞추십시오. 전체적인 그림을 그리세요. 당신이 원하는 삶을 사는데 얼마나 필요합니까?

* 목표를 구체화하고, 시간적, 금액적 가치를 생각하세요.
* 도표를 그리고 중기, 장기 목표를 왼쪽 편에, 시간을 윗 부분에 쓰세요.
 - 중기목표는 비상자금과 5년 내 근로소득으로 만들 수 있는 정도를 고려하세요.
 - 장기목표는 5년 이전, 이후의 근로소득과 은퇴 목표를 감안하면서 세우세요.
* 현재부터 은퇴까지 목표를 위해 저축해야 할 금액을 기록하세요.

시간의 정량화는 목표를 명확하게 설정해 주고,
달성 가능 여부를 판단할 수 있게 도와줍니다.

다음 표는 '저축계획' 입니다. 워렌과 케이의 경우를 통해 어떻게 목표를 정량화했는지 알 수 있습니다.

저축계획(단위: 천원)	1년	2년	3년	4년	5년	6년	7년	8년	9년	10년	11년
비상예비자금											
비상예비자금 10,000천원 (5년)	1,833	1,833	1,833	1,833	1,833						
은퇴 전 중기 목표											
가족 해외여행 20,000천원 (5년)	3,766	3,766	3,766	3,766	3,766						
매달 의식비 연간 비용 1,200천원 (매년)	1,200	1,200	1,200	1,200	1,200	1,200	1,200	1,200	1,200	1,200	1,200
중기 목표를 위한 총 저축 액	**6,849**	**6,849**	**6,849**	**6,849**	**6,849**	**1,200**	**1,200**	**1,200**	**1,200**	**1,200**	**1,200**
은퇴 전 장기 목표											
딸 교육비 마련 10,000천원 (8년)	1,125	1,125	1,125	1,125	1,125	1,125	1,125	1,125			
아들 교육비 마련 10,000천원 (10년)	872	872	872	872	872	872	872	872	872	872	
은퇴목표											
은퇴자금 200,000천원 (15년~5년 후부터)						17,440	17,440	17,440	17,440	17,440	17,440
장기 목표를 위한 총 저축 액	**1,997**	**1,997**	**1,997**	**1,997**	**1,997**	**19,437**	**19,437**	**19,437**	**18,312**	**18,312**	**14,440**
총 저축 액	8,846	8,846	8,846	8,846	8,846	20,637	20,637	20,637	19,512	19,512	18,640

현실적으로 생각하세요.

목표가 현실적인가요? 당신 삶의 비전에 맞출수록, 목표 또한 당신의 돈 기질에 부합할 것입니다.

저축은 수입이나 자산에서 발생되는 수익에서 비롯됩니다. 저축할 수 있는 금액은 절대적으로 당신의 성향(축적가, 획득가, 기업가, 또는 모험가)에 영향을 받습니다.

당신이 '10년 동안 자산을 세 배로 불리길 원한다'고 했을 경우, 기업가형이라면 가능할지도 모릅니다. 하지만 축적가 내지 모험가형라면 비현실적인 목표입니다. 획득가형이라면, 단지 지출을 줄이는 정도밖에는 안 될 것입니다.

목표가 비현실적이라면 수정을 해야 합니다. 아니면 성향의 한계에 부딪힐 것입니다. 위험성향, 돈을 대하는 태도, 자산 축적 방법 등이 바뀔 것입니다.

목표를 당신의 안전지대 밖으로 설정하는 것이 좋습니다.
생각했던 것보다 더 많은 것을 얻을 수 있습니다.

STEP 4

저축 방법을 찾으세요.

이전 단계까지 무리 없이 진행했다면 현재 얼마가 필요하고 얼마나 일할 수 있고, 비상예비자금이 얼마인지 당신은 이미 알고 있을 것입니다.

물론, 삶을 통해서 여러분의 우선 순위가 바뀔 수도 있습니다. 새로운 투자처를 찾을 수도, 가정 환경이나 건강 상태가 변할 수도 있습니다. 중간에 큰 위기가 찾아와 변화가 생길 수도 있습니다. 그럴 때마다 당신은 목표와 필요 자금을 재확인해야 할 것이며, 확실한 관점을 유지해야 합니다.

돈 기질에 따라 재산을 축적하는 방법이 다릅니다.
이것을 꼭 명심하세요.

재산 축적 방법에는 다섯 가지가 있습니다.

생활 방식을 바꾸지 않고, 소비를 줄이고 저축하는 것
조금 더 노력해서 순수입을 증가시키는 것
자동적으로 돈이 쌓이도록 만들기
자산을 다양화 하기
자산을 잃지 않고 지키기

생활 방식의 변화 없이 소비를 줄이고 저축하기

저축을 위해, 소득보다 지출을 적게 해야 합니다.

'분수에 맞게 사용하자' 를 모토로 삼는 축적가에게 그들의 수입내에서 지출함은 어려운 일이 아닙니다. 안드레아가 좋은 예입니다. 64살의 미혼 여성인 그녀는 아이도 없고, 부동산 부채도 없기에 지출이 매우 작습니다. 퇴직연금으로 매년 세 후 900만원 가량을 수령합니다. 몇 개월 뒤 65세가 되면 공적연금에서 매년 1,300만원을 추가로 받을 수 있습니다. 아마 그 때부터는 매년 400만원 정도를 저축할 수 있을 거라고 하더군요.

이 같은 현상은 **모험가**에게는 굉장히 삭막한 일입니다. 역시 미혼인 데이비드는 아이도 없고 집은 빌려서 살고 있습니다. 모험가에게 있어 삶이란 흘러가는 대로 사는 것 입니다. 그는 세 후 수입이 6,000만원이 나 되지만, 모든 수입을 여행하고, 먹고, 값비싼 와인을 즐기고, 도박에 사용합니다. 52살인 그는 저축을 하나도 안 해놓았기에 연금 수입 1,300만원으로 어떻게 생활해야 할 지 벌써부터 고민입니다.

만약 당신이 모험가 성향이고, 저축에 대한 필요성을 느낀다면 당신은 지출 한계를 스스로 설정해야 합니다.

기업가는 축적가와 마찬가지로 절약하는 습관을 갖고 있는 경우가 많 습니다. 진정한 기업가는 그들이 꿈꾸는 삶을 위해 살아갑니다. 현재의 생활은 일시적이며, 궁극적으로 얻고자 하는 생활환경을 위해 굴러가는 돌이라 여깁니다.

사회적 지위를 의식하는 **획득가**들에게는 재산의 소비와 부유한 삶을 살고자하는 욕망이 부딪칩니다. 크리스틴과 존은 전문직 부부로, 두 명의 아이를 키우며 연 소득이 1억 원입니다. 하지만 그들은 교외에 대저택을 갖고 있고, 아이들을 사립학교에 보내기 때문에 저축할 여력이 없습니다. 수입의 대부분은 수업료와 대출금 상환에 사용됩니다.

비용 축소의 관점에서, 아이들을 사립 학교에 보내는 것이 그들에겐 중요했기에 집을 팔아 조그마한 곳으로 옮겼고 대출금을 줄일 수 있었습니다.

당신이 '획득가' 라면 지금의 돈을 미래로
이동시키는 것에 초점을 맞추세요.

할인 할 때 좋은 물건을 구입하고, 단순히 보기 좋은 것보다 정말로 가치 있는 것에 돈을 사용하세요.

저축방정식

수입은 저축과 소비로 이뤄집니다.

수입 = 일일 생활비용 + 중기 목표를 위한 저축 + 장기 목표를 위한 저축

수입은 세 후 소득으로 근로소득, 이자소득, 사업소득 등 모든 것을 포함합니다.

일일 생활비용은 매일매일 구입하는 생활용품 등이 여기에 해당됩니다.

중기 목표 저축은 비상자금과 10년 내 필요자금 등을 준비하는 저축입니다.

장기 목표 저축은 10년 이후 필요자금과 은퇴 후 사용자금 등을 포함

합니다. 113~123쪽의 과정을 따라왔다면 목표 달성을 위해 얼마나 필요한지 이미 알고 있을 것입니다.

저축방정식은 대출하지 않는다는 전제조건으로 균형이 맞아야 합니다. 만약 수입을 모두 일일 생활비용으로 쓴다면 당신의 목표를 달성하기 위한 저축은 불가능할 것입니다.

당신의 저축방정식을 적어보세요.

(단위: 천원)

순소득1		일상 생활비	
순소득2		중기저축	
순소득3		장기저축	
순소득 합계		지출 합계	

균형이 맞나요? 그렇지 않다면 이 중 최소한 한 가지를 해야 합니다

– 목표를 줄이거나, 지우세요.
– 생활 비용을 줄이세요.
– 순 수입을 증가시키십시오.

어떻게 저축을 늘릴까요?

평균적인 소득에서도 부자가 될 수 있습니다. 몇 가지 간단한 원칙만 지키면 됩니다.

원칙 1) **소득을 걱정하지 마세요. 소득 대비 지출을 걱정하세요.**

1억 원을 벌지만, 지출이 1억 5천만 원인 사람보다 장기적으로 봤을 때 3천500만원을 벌고도 3천만 원을 소비하는 사람이 더 낫습니다.

원칙 2) **불필요한 소비를 줄이세요.**

무엇을 사야 하는지 고민할 것입니다. 중요한 것들만 사고, 나머지는 모두 줄이십시오. 생각보다 훨씬 더 쉽습니다. 점심을 사먹지 말고 스스로 싸 가지고 다니세요. 일주일에 3~4만원은 아낄 수 있습니다.

원칙 3) **소비성 상품인 경우 최소한으로 구입하십시오. 가치형 상품인 경우 최대한 많이 구입하세요.**

1,000만원 가치의 차를 구입하고 2,500만원을 저축하는 사람이 3,500만원 가치의 차를 사는 사람보다 5년 뒤 나아질 것임은 명확합니다.

원칙 4) **저축을 먼저 하세요. 시간은 기다려주지 않습니다.**

저축은 여행과 같습니다. 만약 당신이 600km를 10시간 동안 가야 한다면, 한 시간에 60km씩 가면 됩니다. 만약 3시간밖에 없다면, 한 시간당 200km씩 가야 합니다.

이는 저축과도 같습니다. 은퇴 후 1억5,000만원이 필요하다면, 일찍 저축을 시작하세요. 만약 당신이 45살이라면 은퇴까지 10년밖에 남지 않았습니다.

Leaky bucket 현상

저축률이 낮은 사람들은 흔히 'Leaky buckek 현상'이라 불리는 것에 고통스러워 합니다. 수입을 모두 가져가는 바구니가 있다고 가정합시다. 그리고 그 바구니에 구멍이 뚫려 조금씩 조금 씩 돈이 없어진다고 가정합시다. 결국 돈은 사라지고, 흔적만 남아 있습니다.

저축률이 낮은 사람들은 큰 돈을 쓰진 않습니다. 그들은 소비 금액은 적으나, 소비량이 많습니다. 커피 한 잔, 영화, 아이스크림, 관상식물, 와인 한 병 등등 말입니다.

Leaky bucket 현상은 뚜렷한 목적이 없는 경우 발생합니다. 또한, 돈이 인생에서 어떤 역할을 하는지 인식이 부족한 경우에도 나타납니다. 명확한 목표가 없거나 동기가 없다면, 돈을 사용하기 전에 두 번 이상 생각하시길 바랍니다.

Leaky bucket 현상은 지금과 장기 목표 모두에 영향을 미칩니다. 오늘 12,000원짜리 와인을 구입했다면, 당장 12,000원을 사용했을 뿐 아니라 복리 이자를 얻을 수 있는 12,000원짜리 가치 또한 놓친 것입니다.

복리의 마법

일 주일에 몇 달러 저축하는 것이 나중에 큰 차이가 없을 거라고 생각할 지도 모릅니다. 하지만 주당 소비하는 몇 개의 물품만 소비를 줄여 보겠습니다.

밖에서 마시는 커피	15,000원
밖에서 사먹는 점심	30,000원
복권 구입	10,000원
와인 한 병	15,000원
총 소비 저축	**70,000원**

매주 70,000원을 매년 5%의 복리로 계산하면 10년 뒤에는 47,198천원, 15년 뒤에는 81,262천원, 20년 뒤에는 무려 124,995천원이 됩니다.

예산 변경

평소에 얼마나 소비하는지, 그리고 어디에 얼마만큼 저축하는지 생각해 봅시다. 무엇이 중요하고 중요하지 않은지도 생각해 봅시다. 외식, 비디오 대여, 잡지, 값비싼 선물 등을 줄여봅시다. 꿈에 그리던 휴일을 보낼 수 있는 충분한 돈을 모을 것입니다.

현재 소비하는 금액을 문서화 해 봅시다. '당신의 돈은 어디로 가나요?' 라고 제목을 붙입니다. (98쪽 참고) 꼭 필요한 것들과 줄일 수 있는 것들을 생각해 봅시다.

하루 소비 중에서 얼마나 줄일 수 있는지 스스로 생각해 봅시다. 지출을 수입보다 작게 만들어 저축을 늘려봅시다.

세 가지 범주로 나누되, 전체 총 량은 당신의 소득 이내로 합니다.

고정 지출

미래에도 언제, 얼마가 지출될 지 이미 알고 있는 항목들로, 생활 환경을 완전히 바꾸지 않는 한 조절이 불가능한 지출입니다. 보험 등이 해당됩니다.

고정적 지출

필수적이긴 하지만 변동성이 심한 지출입니다. 핸드폰 할부금은 일정하지만, 사용요금은 매달 다르겠지요? 식료품도 마찬가지입니다. 원재료를 살 수도, 가공품을 살 수도 있습니다.

변동 지출

꼭 필수적인 것은 아니지만, 삶의 질을 높여주는 것들을 말합니다. 외식, 영화 고가의 스포츠 관람 등이 해당됩니다.

예산을 가능한 한 자세하게 작성하세요.

이자를 줄이세요.

당신의 지출에서 아마 대출 이자가 가장 많은 부분을 차지할 지도 모릅니다. 왜 당신이 지불해야 하는 양보다 많이 납부하나요? 아래 도표는 500만 원을 빌렸을 때, 매달 10만 원씩 갚아나간다면 이자가 얼마나 되는지를 보여줍니다.

(단위: 천원)

이자율	대출 상환에 필요한 기간	이자 납부 액(대략)
10%	65개월	1,500
15%	79개월	2,900
20%	108개월	5,800

이자를 줄이려면

1단계) 빚을 더 늘리지 마세요.

– 신용 카드를 숨기세요. 아니, 냉동실에 꽁꽁 묶어서 보관하세요. 그전(신용카드를 사용하지 않을 때) 까지는 항상 빚을 늘리기 위한 방법을 스스로 찾고 있을 것입니다.

– 꼭 필요한 것이 아니라면 물품 구매를 나중으로 미루세요

– 휴가를 미루세요. 또는 저렴하게 다녀오세요.

2단계) 현재 부채 목록을 작성하세요.

가장 비싼 이자율을 부담하는 대출을 좀 더 낮은 것으로 바꾸세요. 신용카드 미상환액, 개인적으로 빌린 돈(자동차 대출 등), 학자금 대출, 부동산 대출 등 모두 해당됩니다.

3단계) 재 대출을 통해 이자를 낮출 수 있는 방법을 찾으세요.

전화기를 들고, 인터넷을 뒤지세요. 은행과 다른 금융기관을 통하여 이자율을 낮출 수 있는 많은 방법이 있다는 것을 알면 놀랄 것입니다. 몇 가지 세부사항이 있습니다.

– 부동산 대출은 일반적으로 신용카드보다 낮은 이자를 받습니다. 부동산 대출금을 좀 더 받아 신용카드 미상환액을 갚는 것이 나을 수 있습니다.

– 집을 제외한 차량, 보트, 보험, 가구, 컴퓨터 기기 등은 대출 담보로 사용 가능합니다. 이들을 이용하여 무담보 부채보다 낮은 금리로 돈을 빌릴 수 있습니다.

– 부채를 통합하여 이자를 줄일 수 있는 방법이 있는지 찾아보세요. 어떤 부채들은 조기 상환 시 위약금을 부담해야 할 수도 있습니다. 상환 전 미리 참조하세요. 또, 재 대출시 보증금을 납부해야 할 수도 있습니다. 이들은 모두 대출 비용을 증가시키는 원인입니다.

4단계) 저축금액 중 일부를 매주 부채 상환에 사용하도록 하세요.

대출을 갚아 나갈 때, 가장 높은 이자율을 부과하는 상품이 첫 번째 목표입니다. 최소 수준으로 다른 부채 상환을 계속하고, 다른 모든 여분을 첫 번째 목표부채를 줄이는데 집중하세요. 수입에서 일정 부분씩 상환하든, 한꺼번에 목돈을 투여하든, 둘 다 사용하든 말입니다.

유혹을 견디십시오.

대출을 갚아 나갈 때, 가장 위험한 부분은 부채를 없애고 신용 카드를 이용해 물건을 사는 것입니다. 이는 단지 이율이 높은 단기 부채를 줄이기 위해 장기 부채를 증가시키는 쳇바퀴밖에는 되지 못합니다. 이를 방지하기 위해서는 스스로 지출 통제를 해야 합니다. 두 가지 방법이 있습니다.

– 신용 카드 사용 한도를 매우 작게 축소시키세요.

– 저축계좌에서 자동으로 대출금을 갚도록 만들어 구입하기 보다, 절약하는 습관을 갖도록 만드세요.

부채의 덫에서 헤어나십시오.

단기 부채가 많고, 높은 이자율을 부담하며, 담보로 제공할 만한 것이 아무것도 없다면 당신은 부채의 덫에 갇힌 것입니다. 갚을 것이 너무나 많아 새로운 부채를 져야 할 지도 모르는 상황입니다.

총 부채가 높다면 채권자는 당신에게 보증보험을 요구할 지도 모릅니다. 이 또한 당신의 총 부채를 증가시킵니다.

만약, 당신이 부채의 덫에 놓여있다면 파산이나 채무를 위해 추가적으로 일자리를 구해야 할 지도 모릅니다. 재정적 압박은 스트레스와 우울증, 인간 관계에 악영향을 미칩니다.

이 같은 상황은 사업 실패, 자산이나 수입감소로 인한 관계의 악화, 도박, 마약 등의 문제를 야기할 수 있습니다.

모험가와 기업가는 성향상 '부채의 덫'에 놓이기 쉽습니다.

사 례

존과 수를 처음 만났을 때, 그들은 부채가 많았습니다.

신용카드 부채 : 100만원 (이자율 18.95%)

금융회사 부채 : 2,000만원 (이자율 14.9%)

담보대출 : 2,800만원 (이자율　7.4%)

담보대출 : 1억4,300만원 (이자율 6.5%)

금융회사 부채 : 440만원 (무이자이나, 18개월 이내 상환해야 함)

이들은 매월 이자로만 190만원 가량을 납부해야 하고, 수는 수입이 없어 그들은 부채 상환의 압박에 시달리고 있었습니다.

부채 자체가 많은 것도 문제였지만, 빠른 시간 안에 상환해야 했습니다. 18.95%의 신용카드 부채는 그 자체로도 또 다른 부채를 만들고 있습니다. 갚아나가는 것 자체가 그들에게는 스트레스였습니다.

다행스럽게도, 그들은 시가 3억1,000만원 정도의 집을 보유하고 있었기에 이를 담보로 대출을 받아 비싼 단기 부채를 상환했습니다. 부동산 대출금은 그들이 감당할 만했기에, 그들은 희망을 갖고 돈이 모일 때마다 조금씩 나머지를 상환할 수 있었습니다.

CASE STUDY 부채의 덫

　'부채의 덫'에서 벗어나기 위해서는 생활 비용을 지불하기 위해 현금을 충분히 남겨두고, 감당할 수 있는 수준으로 갚아나가야 합니다.
　몇 가지를 추천하자면

　- 재 대출을 통해 이자율을 줄일 수 있는지 확인하고, 상환기간을 장기간으로 늘리세요..

　- 부채가 너무 많아 더 이상 빌릴 수 없다면 가족이나 가까운 친구에게 보증이나 담보를 받을 수 있도록 도움을 요청하세요. 물론, 이 사람들도 재정적 위험에 노출된다는 것을 알고 있어야 합니다.

　- 여전히 상환에 어려움이 있다면 채권자에게 상환 기한 연장을 요청하세요. 파산하는 것보다는 당신에게 훨씬 더 나을 것입니다.

　한국 같은 경우 신용회복위원회의 도움을 받아보세요.

　'부채의 덫'에 놓여있다면, 상담을 받는 게 좋습니다.

좋은 부채 vs 나쁜 부채

모든 부채가 나쁜 것은 아닙니다. 만약 당신이 대출을 이용하여 높은 수익을 올릴 수 있다면 이는 당신의 자산을 늘리는 데 도움이 됩니다. 또, 이 같은 경우 보통 비과세 혜택과 동일한 효과가 있습니다.

당신의 부채가 1억 원이고, 이자로 매년 1,000만원을 내는데, 수익으로 1,500만원을 받는다면 결국 500만원만큼 자산이 늘어난 것입니다.

또한 1,000만원에는 세금을 부과하지 않습니다. 배당금 500만원에만 세금이 부과됩니다. 하지만, 1,000만원에 대한 이자 비용 또한 상쇄됨을 기억해야합니다.

만약 세율이 33%라면 당신은 세금으로 165만원을 납부해야 합니다 (500만원X33%). 따라서, 당신의 세 후 순수익은 665만원입니다. (1,500만원 − 1,000만원 + 165만원) 한 푼도 사용하지 않은 채, 당신은 665만원을 벌었습니다. (모든 금액을 빌렸다고 가정했을 경우) 횡재입니다.

물론, 위 상황은 잘 맞았을 때의 이야기입니다. 투자 위험을 감수해야 합니다. 투자를 통해 이익이 나기도 하지만 손해 가능성도 있습니다. 그렇기에 부채를 이용한 투자는 신중해야 합니다.

비용을 줄이는 방법

축적가

소비를 최소한으로 줄이세요. 그렇다고 너무 팍팍하게 살지는 마세요.

획득가

밑 빠진 독을 막는 것에 집중하세요.

 – 지출의 한도를 명확히 정하세요.

 – 절약을 배우세요. 최대의 효과를 볼 수 있는 것들을 구입하세요.

 – 정말로 필요한 것과 아닌 것을 구분하세요. 일터에서 커피를 마실 수 있다면 커피 마시는 데 쓰는 상당량의 돈을 아낄 수 있을 것입니다.

기업가

축적가임에도 스스로 기업가라고 생각하는 경우가 아닌, 진정한 기업가라면 지출을 줄이는 것은 문제가 되지 않습니다. 스스로의 활동을 위해 본인과 가족을 위해 사용하는 금액을 자동으로 줄일 테니까요

모험가

당신의 밑 빠진 독은 점점 커질 것입니다. 지출을 줄일 필요를 전혀 느끼지 못하므로, 과감하게 한계를 그어야 합니다. 수입의 상당량이 부채 상환에 관련된 고정 지출로 나갈 것이며 변동 지출은 거의 없을 것입니다. 이를 빨리 벗어나기 위해서는 식료품 등과 같은 필수 품목까지도 줄

여야 합니다. 또

  – 휴일에만 신용카드를 사용하세요

  – 가장 높은 이자율을 부과하는 대출에 매주 일정 부분씩 상환하세요.

모두에게

– 식료품 구매금액은 수퍼마켓에 가는 횟수를 줄이고, 미리 정해놓은
  물건만 사면 줄어듭니다.

– 할부의 사용을 줄이고, 일시불로 결제하십시오. 핸드폰 사용료,
  전기료 등의 일상요금들은 바로 자동이체 시키세요.

– 당신의 보험을 점검하세요. 필요 이상으로 많이 나가지는 않습니까?

– 선물의 금액 한도를 정하고, 지키세요.

– 일주일에 3~4일만 점심을 사먹으세요

– 당신과 배우자의 돈을 분리하세요. 각각 사용 범위를 설정하세요.

이제 당신은 지출방정식을 보고, 일일 사용금액의

한도를 수정하세요.

목표를 위해 충분한 돈을 저축하고있나요?

그렇지 않다면 목표를 수정하고, 일일 사용금액을

더 줄이세요. 아니라면, 수입을 늘리세요.

순 수입 늘리기

순 수입을 늘릴 수 있는 여러 가지 방법이 있습니다.

- 연봉 협상하기
- (더 높은 월급을 주는 곳으로) 새 직장 구하기
- 높은 급여를 받을 수 있는 부서나 지위로 이동하기 위한 능력개발
- 추가업무
- 간접 소득 증가시키기
- 세율이 높다면, 절세할 수 있는 방법 찾기

위 방법들은 축적가 타입의 사람들도 편안하게 할 수 있는 것들입니다. 그리고

- 대출을 통한 투자도 가능합니다. 이는 당신의 세금을 줄여주어 순소득을 늘리는 효과가 있습니다. 이는 선천적인 기업가 타입에 적합합니다. 모험가는 실행하기 전 주의해야 하며, 조언을 얻어야 합니다. 축적가와 획득가 타입에게는 적합하지 않습니다.

연봉 협상하기
일한 만큼 대접을 받고 있습니까? 임금 상승률이 낮은가요?
비슷한 일을 하는 사람들의 평균 연봉이 얼마인지 확인한 게 언제인

가요?

리쿠르터에게 물어보세요. 그들은 현재 시장흐름을 알고 있습니다.

진급 기회를 놓치지 마세요. 설사 성공하지 못한다 하더라도, 고용주에게 당신의 의도를 전달할 수 있으니까요.

새 직장 구하기

틀에 박힌 생활을 하고 있나요? 때때로, 모시는 사장님을 바꾸는 것도 연봉을 늘리는 방법입니다. 물론, 새로운 환경과 새로운 것을 배워야 한다는 압박감은 존재하겠지만, 장기적으로는 더 나을 수도 있습니다.

스스로 노력하기

자신에게 투자하여 연봉을 늘릴 기회가 있습니까? 과정을 밟아 높은 수준으로 올라가십시오. 학자금 대출을 받아야 할 수도 있으니 신중하게 고민하세요. 수입이 끊기고 부채가 늘어나는 대신 좀 더 오래 일할 수 있습니다. 물론, 학업과 수입 모두 고민해야 하지만 말입니다.

추가 업무 하기

추가 업무를 할 수 있습니까? 여러 가지 장점이 있습니다. 신용카드 부채를 줄일 수 있고, 휴일을 알차게 보낼 수 있습니다. 아르바이트를 하세요.

간접 소득 늘리기

간접 소득을 늘리면 총 소득이 증가합니다. 돈을 얼마 벌지는 못하지만, 노력은 필요치 않습니다. 일반적으로, 쉽지는 않습니다. 투자를 통한 이득이 아니라면, 지속적으로 얻기 위해서 노력이 필요합니다. 다양한 네트워크 마케팅이 간접 소득을 늘려줄 것입니다. 하지만 이를 통해 상당량의 소득을 올리는 사람은 극히 일부에 불과합니다. 성공하기 위해서는 판매 기술을 매우 잘 발전시켜야 합니다.

간접 소득을 늘리는 방법으로는
- 책 출간, 사업 아이디어 등의 지적 재산을 통한 수입 창출
- 사업의 프랜차이즈화
- 임대 사업 등에 투자하여 고용인을 통한 수입 창출

더 많은 정보는 책 261~278쪽을 참조하세요.

수입을 늘리는 다른 방법

- 필요 없는 상품, 철 지난 아이들 장난감 등 되팔기 : eBay, TradeMe 등의 사이트 이용

- 여가 시간을 이용하여 재택 근무하기 (텔레마케팅, 정원 조경, 잔디 깎기, 아이 돌보기, 집안일 또는 회사 업무를 집에서 하기) 인터넷을 사용한다면 업무를 증진시킬 수 있습니다. 인터넷은 상품과 서비스 매매, 새로운 사업을 할 수 있는 무한한 기회를 제공할 것입니다. 또한 인터넷을 기반으로 사업하는 사람들이 점점 늘고 있습니다.

- 취미를 통해 수입을 늘리세요. 당신이 정원사라면, 추가로 씨앗을 파

세요. 기차 팬이라면 사진을 찍어 다른 팬에게 파세요. 요리사나 기능직이라면 상품을 만들어 거리에서 파는 것도 괜찮습니다. 수리해야 하는 낡은 가구를 고쳐주세요. 인터넷을 이용하세요.

- 외국 학생들을 위한 기숙사를 운영하세요.

사 례

50대 이혼녀인 한 고객은 학생들을 위해 기숙사를 운영하는 꿈을 갖고 있었습니다. 단순히 은퇴 후 수입을 늘리고자 하는 것이 아니라 어린 친구들을 도와주는 것에서 기쁨을 느끼고, 친자식처럼 아껴주고 싶었습니다. 광고를 전혀 하지 않았으며, 그녀의 기숙사는 입 소문으로 퍼졌습니다.

사람들이 늘어나자, 그녀는 본인의 집을 개조했습니다. 이는 현명한 선택으로 (새로 마련하는 것보다) 비용은 줄이고 수입은 늘어났습니다. 결과적으로 자산이 증대했습니다.

니키와 앨런은 돈을 벌어 그들이 꿈꾸던 집을 짓고 싶었습니다. 하지만, 외 벌이에 어린 아이들로 고민이 많았습니다. 니키는 그녀의 친구들에게 가능한 재택 근무가 있는지 대해 물었고, 곧 친구로부터 한 통의 전화를 받았습니다. 혹시 아이를 돌보는 것에 관심이 있다면 자신의 두 딸을 일과 시간 동안 돌봐줄 수 있냐는 것이었습니다. 새로 집안일을 도와주는 사람과 딸이 잘 지내지 못하여 사람을 찾고 있던 중이었습니다. 니키는 가능하다고 말했고, 일주일에 50만원의 추가 수입이 생겼습니다.

CASE STUDY 수입 늘리기

세금 줄이기

평등한 사회에서 세금은 소득을 재분배하는 기능을 가집니다. 관할 부서는 체납자에게 전 방위적 압박을 가해 세금을 내도록 만들지요. 하지만 납세자들은 세금이 납부할 세금보다 많이 부과되는 경우 정당한 절차를 통하여, 그리고 세제혜택 등을 이용하여 세금을 줄일 수 있습니다.

이자 소득이나 배당 소득을 받았다 하더라도 세금을 최소화할 수 있는 방법이 있습니다. 납부 전, 먼저 회계사나 세금 전문가에게 조언을 구하세요. 세법은 나라별로 매우 다르며 항상 변합니다. 그뿐 아니라 각각의 경우를 모두 고려할 수 없기 때문에 흑백 논리로만 설명되지 않습니다.

세제혜택을 받을 수 있는 방법이 있다면 이용하기 바랍니다. 하지만, 모든 것을 여기에 의존하지는 마세요. 항상, 절세에는 타당한 이유가 있어야 합니다.

정부의 세금 혜택 활용

수시로, 정부는 저축을 장려하기 위한 혜택을 제공합니다. 이들은 정부 정책이나, 경제 환경에 따라 변하기 때문에 혜택이 부과될 때 잘 이용해야 합니다.

기질 별 소득을 늘리는 방법

축적가

스스로를 믿으세요. 당신은 지금 버는 것보다 충분히 더 받을 자격이 있습니다.

  - 틀을 벗어나세요.

  - 새로운 직업에 도전하세요.

  - 새로운 기술을 습득하세요.

획득가

성공과 지위 상승을 위해 항상 노력하는 당신은 이미 소득을 늘릴 수 있는 방법을 알고 있을지도 모릅니다.

  - 세금을 줄일 수 있는 방법을 찾으세요.

  - 일상적인 일 이외에 소득을 증가시킬 수 있는 방법(투자 등)을 찾으세요.

기업가

짧은 시간에 백만장자가 될 수는 없습니다.

  - 기회를 면밀히 분석하여, 가장 열정적으로 할 수 있는 한두 개의 일에 집중합니다.

  - 세금을 줄일 수 있는 방법을 찾으세요.

모험가

소비에서 수입으로 생각을 바꾸세요.

  - 근로소득 이외에 추가로 다른 소득수단을 찾으세요. 추가 소득은 부채 상환과 투자의 기회를 만들어줍니다.

  - 위험을 감수할 수 있다면, 여가시간에 집에서 할 수 있는 사업을 구

상해 보세요.

자동적으로 자산이 쌓이게끔 만들기

수입/지출의 관리는 회계사, 은행가, 재무상담사 등의 전문가들도 고민합니다. 가족을 부양하고 있다면 당신과 배우자는 돈을 일반적으로 가족을 위해 사용할 것입니다.

문제는, 통제가 되지 않을 때 입니다. 수입이 많아도 하루하루 사용하다 보면 돈이 어디로 가는 지 모르게 사라집니다. 속담에 나오는 것처럼 소 잃고 외양간 고치지 말고, 미리 문서화하여 돈의 흐름을 작성해 봅시다.

전형적인 가정이라면
- 수입이 자동이체계좌와 연동되어 있습니다. .
- 대출상환과 생활비용, 개인 소비는 이 계좌에서 빠져나갑니다.
- 수시로 계좌는 마이너스로 변합니다.
- 휴일과 크리스마스 선물은 신용카드를 사용합니다. 최소상환으로 결제하여 시간이 지날수록 균형은 부채 쪽으로 기웁니다.
- 은퇴를 위한 저축은 없습니다.

돈은 관리가 필요하며 부채상환, 인터넷 뱅킹,
결제 등은 자동적으로 이루어지도록 해야 합니다.

모험가와 기업가

돈을 관리하면 많은 이점이 있습니다. 모험가 타입은 돈이 어디서 와서 어디로 가는지 전혀 모릅니다. 기업가는 분석보다는 직감에 의존하는 경향이 있습니다.

축적가와 획득가

정해진 조건에서 두 타입은 전혀 문제가 발생하지 않습니다. 축적가는 돈이 어디로 나가는지 주의 깊게 살핍니다. 획득가는 일반적으로 어떻게 자산이 축적되는지 확인합니다.

어떻게 자산 관리 시스템을 만들까요?

돈을 관리하려면, 한 개의 통장보다는 여러 개로 나누는 것이 훨씬 쉽습니다. 첫 번째로, 수입에서 예산을 세워서 3개의 중요 통장으로 나눕니다.

장기 저축
중기 저축
일상생활비용

다음으로, 일상생활비용도 나눕니다.

고정지출
고정적 지출

변동지출

저축 방정식을 기억하세요.

수입 = 일상생활비용 + 중기저축자금 + 장기저축자금

'스스로에게 먼저 지불하세요'라고 부르는 중요한 원칙이 있습니다. 많은 사람들이 다른 사람을 위해 돈은 잘 쓰지만, 자신의 미래를 위해 저축해야 하는 의무는 무시합니다. '스스로에게 먼저 지불하세요'란, 스스로에 대한 저축을 최우선순위로 해야 한다는 것을 의미합니다.

자산 관리 시스템을 '스스로에게 먼저 지불하는' 것을 기반으로 만든다면, 돈을 쓰는 순서가 달라질 것입니다. 다시 말하면, 저축 방정식이

순소득 = 장기저축 + 중기저축 + 일상생활비용

으로 바뀝니다.

1. 수입 중 일부분을 장기 저축용으로 남겨두세요. 이는 장기 목표와 은퇴 목표를 대비한 돈입니다. 당신이 공적연금 또는 다른 연금 프로그램에 가입되어 있다면 매달 월급에서 일정 부분을 공제한 뒤 받을 것입니다.

추가적인 저축을 위해 고용주 보조금 제도를 통한 다양한 포트폴리오, 다양한 연금 계좌에 대해 매월 은행 계좌에서 정기적으로 자동 이체를 설정하도록 하세요. 장기 목표에 도움이 됩니다.

주택담보대출이 있고, 이를 장기 상환으로 미뤘다면 당신의 장기목표에는 대출금 상환도 포함되어야 합니다.

2. **중기 목표 자금을 위해 일정량을 입금하세요.** 이 자금은 중기 목표와 비상 자금용입니다. 입출금이 편리한, 이자가 붙는 통장에 넣어둡니다.

나머지 돈은 생활 비용으로 남겨둡니다. 다시 말해

일일 생활자금 = 순소득 − 장기목표 자금 − 중기목표 자금

일상생활자금을 한도 내에서 사용한다면 당신의 인생목표와 은퇴목표를 충분히 달성할 수 있을 것입니다.

일상생활비용 관리하기

우리 조부모님들께서는 지금의 우리보다 훨씬 더 지출 관리를 잘 하셨습니다. 전자금융이 발달하지 못했던 예전에는 현금으로 급여를 받았고, 돈 관리는 지금보다 훨씬 쉬웠습니다. 할아버지는 현금으로 맥주와 담배를 샀고, 대출금을 상환했으며, 나머지 돈을 할머니께 드렸습니다. 할머니는 그 돈을 식료품, 의류, 전기, 전화세 그리고도 돈이 남으면 본인들을

위한 옷 값으로 나눠서 사용했습니다. 종종, 작은 상자에 조금씩 나머지 돈을 저축했습니다. 모든 것이 현금으로 결제되었기 때문에 그 분들은 언제나 얼마나 남아있고, 얼마를 쓸 수 있는지 정확하게 알고 있었습니다.

일상생활비용 소비자금의 관리는 이 같은 단순한 방법에서 출발합니다.

규칙 1) 통장잔고의 관리는 한 명이 합니다.

돈 관리는 다른 관리와 크게 다르지 않습니다. 관리자는 한 명이지 두 명이 아닙니다. 그렇다고, 한 명이 집안의 모든 돈을 관리해야 한다거나, 통장을 함께 소유하면 안 되는 것을 의미하진 않습니다. 책임은 배우자와 공동으로 부담하지만, 각각의 계좌를 전체적으로 관리해야 한다는 뜻입니다.

이를 위해서는 좋은 관계가 필수적입니다. 만약 배우자가 생활 비용 관리를 당신에게 맡겼다면, 언제 그 돈을 사용하는지 상대방에게 꼭 알려야 합니다.

> ### 부부가 각자의 돈을 따로 관리해야 할까요?
>
> 어떤 부부는 돈 관리를 따로 합니다. 가장 큰 장점으로 개개인이 책임을 지고, 어떻게 돈을 관리해야 하는지를 알게 됩니다. 한 쪽이 사망하거나, 이혼, 별거 등을 하게 되어도 문제가 생기진 않습니다.
>
> 공동 경비를 관리하는 몇 가지 방법을 소개합니다.

- 각각 50%씩 분담하여 집안일에 사용합니다. 누가 얼마나 사용했는 지를 일일이 따져야 하는 번거로움이 있습니다.
- 한 사람이 다른 사람에게 일정 금액을 지불합니다. 이 경우 때때로 한 쪽이 다른 쪽에 비해 많은 부분을 담당하기도 합니다.
- 공동 경비를 사용해야 할 경우에만 각각 돈을 지불합니다.
- 본인이 책임져야 할 부분만 관리합니다. 예를 들어 한쪽은 이자율, 전 기료, 통신비를 다른 한쪽은 식료품비를 부담합니다.

각각 돈을 관리할 때의 가장 큰 단점은 당신이 필요한 만큼 저축 계좌 를 많이 만들어야 하는 것입니다. 한꺼번에 모으든, 각각의 계좌를 따로 관리하든, 당신의 돈 관리 시스템을 너무 복잡하게 만들지 마세요. 단순 할수록 관리하기 쉽습니다. 너무 적은 것도, 너무 많은 것도 좋지 않습 니다.

규칙 2) 개인 소비와 가정 소비를 분리하세요.

배우자가 돈을 빌려가거나, 사용한 뒤 당신에게 이야기하지 않아서 공 동 관리 계좌에서 돈이 바닥난 적이 있나요? 얼마나 자주인가요? 공통적 으로, 이 경우 개인 지출 때문에 발생하는 문제입니다.

사용 가능한 금액 이내에서 배우자와 이야기하지 않은 채로 돈을 사용 할 수 도 있습니다. 그렇기 때문에, 개인 계좌에서 동의한 금액 만큼씩만 써야 합니다. 이는 개인소비에서는 제한이 있을 수 있지만, 다른 사람에 게 간섭 받지 않고 돈을 쓰는 자유 또한 누릴 수 있습니다.

개인 계좌는 명확하게 가정생활비용 계좌와 분리되어야 합니다.

규칙 3) 고정지출을 분리하세요.

또 다른 문제는 자동이체를 정확히 모를 때 발생합니다. 꼭 이런 경우는 은행 잔고가 적정하다고 생각할 때, 보험금, 대출금 상환 등이 자동이체가 제대로 되지 않으면서 발생하지요.

요즘은 월급의 절반 또는 2/3는 자동 이체를 통해 **빠져나갑니다**. 보험료, 수업료, 연회비 등은 한 통장에서 빠져나가도록 만드세요.

예산에서, 고정 지출은 분리시키세요.
고정지출 : 언제 얼마가 빠져나가는지 정확히 아는 것들
변동지출 : 날짜와 금액이 항상 같지 않은 것들

고정 지출은 일반적으로 자유롭지 못합니다. 고정지출은 한 계좌에서, 변동 지출은 각각의 계좌에서 빠져나가도록 권유 드립니다. 이런 방법은 예산 조절이 가능하고, 자동이체 연체료 등을 물지 않아도 됩니다. 또한, 변동지출의 한도를 조절할 수 있습니다.

규칙 4) 있는 만큼 쓰세요.

각 계좌는 사용할 수 있는 한도가 존재합니다. 한번이라도 한도까지 사용하거나, 한 계좌에서 돈을 빌려 다른 것을 채워봤다면, 스스로 조절하는 방법을 잃어버린 겁니다. 주의하세요.

규칙 5) 잔액을 관리하세요.

전자 금융의 활성화로 신용카드를 사용할 수 있게 되었습니다. 언제 어디에 사용했는지 명확히 알 수 있습니다.

현금은 소액 지출이나 개인 지출에 사용하세요. 현금을 갖고 있으면 당신은 사용하고 싶어집니다. 매 주의 사용 한도를 정하고, 얼마가 남았는지를 확인하세요.

규칙 6) 규칙적으로 은행잔고를 확인하세요.

얼마나 자주, 물품을 구매할 때 돈이 충분한지 확인하지 않고 구입하나요? 만약 체크카드를 사용할 때마다 승인 요청이 거부된다면, 당신은 나쁜 자산 관리자입니다. 보통 모험가들에게 많이 나타납니다.

당신은 대략적으로라도 통장에 돈이 얼마나 있는지 알고 있어야 합니다. 온라인 뱅킹이나 폰뱅킹은 계좌 잔고를 확인하는 손쉬운 방법입니다. 훌륭한 자산관리자일수록 며칠에 한 번씩 이를 계산합니다.

'아는 만큼 행한다' 는 속담이 있습니다. 직원들의 생산성을 향상시키려면, 그들의 작업능력을 측정할 필요가 있습니다. 돈 또한 같습니다. 계좌를 규칙적으로 확인할수록 당신은 스스로의 재정을 어떻게 관리해야 하는지 알게 될 것입니다.

생활 지출을 위한 4X4 예산

많은 경우에, 예산을 세우거나 확인하는데 너무 많은 시간이 들어서 예산 수립에 실패합니다. 자산 관리를 체계화하려면, 일일 사용금액부터 확인해야 합니다. 시간과 노력을 적게 들여 간단하게 만든다면 이보다 더 좋을 수는 없겠지요?

맞습니다. 지출한 모든 금액과 항목을 문서화하지 마세요. (아마 모험가와 획득가에겐 매우 좋은 소식일 것입니다) 잔돈을 확인하지 마세요. 복잡한 도표, 지출을 기록한 노트북 등 모두를 던져버리세요. 돈을 관리하기 위해 자세할 필요도 없습니다. 대신, 4X4 예산을 활용하세요.

4단계를 통해 가장 간단하면서도 효과적으로
예산을 수립할 수 있습니다.

예산에는 4개의 항목만 필요합니다.

전체 고정비용

당신을 위한 개인 비용

배우자를 위한 개인 비용

가정에 쓸 비용

1년 예산을 이 간단한 방법으로 짜 봅시다.

1단계 – 고정비용 확인하기

일일 생활비용으로 돌아가 봅시다. 1년 동안 사용하는 고정비용 – 대출, 이자, 보험, 자동차세, 수업료, 연회비, 등등 모든 것 – 을 확인하고 합산하세요. 기억하세요. 여기서는 비용만 생각하고 저축은 나중에 고려합니다.

고정 비용도 있지만, 자유비용도 존재합니다. 체육관 이용, 잡지 구매, 영화 관람 등 또한 비용입니다.

지출을 두 가지로 분류합니다.
– 얼마 쓸 지 아는 비용
– 필요할 때 쓸 비용

일상적인 매일의 지출은 이미 포함되었습니다.

이미 당신은 총 예산의 반을 세웠습니다.

2단계 – 개인 소비를 고려하세요.

당신과 배우자의 각각 매일 사용하는 변동지출을 고려하세요. 서로 같은 금액을 사용할 필요는 없지만, 서로 동의 하에 사용을 하여야 합니다.

3단계 – 생활비용 계산하기

순소득에서 고정비용과 개인비용을 빼고 남은 금액이 가정에 사용하는 비용입니다. 여기에는 식료품, 전기료, 통신비 등 매월 금액이 변동하는 것들이 포함됩니다. 예산이 충분한지 빨리 확인해 보세요. 만약 그렇지 못하다면, 개인비용이나 고정비용을 줄여야 합니다.

4단계 - 계좌를 만드세요.
각각 4개의 항목에 맞는 계좌를 만드세요.
- 개인계좌 : 본인
- 개인계좌 : 배우자
- 고정비용계좌
- 생활비용계좌

당신의 소득을 고려하여 고정비용과 생활비용에 적절한 금액을 넣어두세요.

그 다음으로, 일년 예산을 일일 예산화하여 매일 소비하는 금액으로 나누어 놓으세요. 그 후에 다른 예산계좌에 돈을 송금하세요. 이는 온라인, 폰 뱅킹 등으로 쉽게 가능합니다.

위 내용을 도식화하면 다음과 같습니다.

한 통장에서 모든 것을 관리하는 것보다 4개로 쪼갠 뒤, 3개를 고정하세요. 고민거리가 줄어듭니다. 단지 1개만 관리하면 되며, 그만큼 예기치 못한 일이 적어집니다.

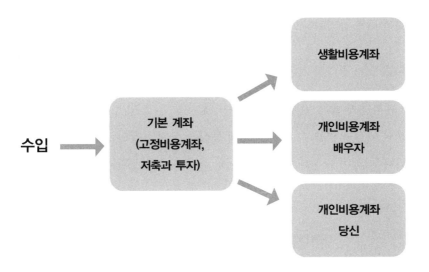

이 전략의 핵심은 각각의 계좌에 스스로 한계를 정해두는 것입니다.

만약 당신의 '개인비용계좌' 가 급여일 이틀 전에 소진된다면 힘들 것입니다.

당신이 계산을 정확히 했다면 '고정비용계좌' 에 잔고가 있어야 합니다.

'생활비용계좌' 관리를 가장 많이 해야 합니다. 그렇지만 이 방법은 한 계좌에서 수입과 지출을 관리하는 것보다는 쉬울 것입니다.

당신이 관리해야 할 것은 계획하지 못했던 지출인 차 수리비, 병원비,

치과 비용 등입니다. 만약 중기자금을 모아 두었다면 여기서 비상자금을
사용할 수 있습니다.

계좌를 만들기 위해 추가 비용이 들 수도 있겠지만, 저축이 늘어나는
등의 이점을 얻을 수 있기 때문에 통장을 쪼개는 것이 유리함을 알 것입
니다. 금액이 커진다 하더라도, 이와 같이 단순하게 관리하면 됩니다.

생활 비용 계산하기

	지출내역	격주간 또는 월간비용	연간비용
고정비용			
	대출이자		
	보험(집, 자동차, 개인)		
	부동산 대출금		
	대출상환금		
	양육비(고정적으로 나가는)		
	아이들 용돈		
	수업료		
	기타		
	소계		
생활비용			
	식료품		
	전기료, 난방비		
	통신비		
	교통비		
	양육비(변동)		
	의료비		
	아이들 의류비		
	기타		
	소계		

개인용돈-본인
    선물비
    의류비
    미용비
    여가(외식포함)
    기타
    소계

개인용돈-배우자
    선물비
    의류비
    미용비
    여가(외식포함)
    기타
    소계
전체 생활비

각각의 항목에 얼마나 분배해야 할 지를 계산하세요. (총 사용금액 = 소득 − 중기 자금 − 장기자금)과 같아야 합니다.

자산 관리 시스템

일일 생활 비용 예산을 수립했다면 이제 지출방정식과 중기자금, 장기 자금까지도 생각해 봅시다.

다음의 표에 격주 또는 월 순소득이 얼마씩 지출되는지 적습니다. 그리고 은퇴까지 얼마를 저축할 수 있는지, 얼마를 소비하는지, 얼마나 유지비용이 드는지를 123쪽을 참고하면서 적습니다.

그리고 (이 돈들이 있는) 계좌 또한 작성합니다. 저축계좌는 하나 이상일 것입니다. '대출' 계좌도 있고 '투자' 계좌도 있을 겁니다.

당신의 목표와 예산이 달성 될 때까지 장기저축, 생활유지, 생활비용 등의 자금을 균형 있게 작성합니다.

계좌명	격주수지	소계	계
소득			
세 후 소득 : 본인			
세 후 소득 : 배우자			
총소득			
저축과 지출			
장기저축			
중기저축			
총저축			
고정비용(자동이체 납부)			
변동비용			
개인비용 : 본인			
개인비용 : 배우자			
총생활비			
총저축+총생활비			

사 례

워렌과 케이는 이렇게 돈을 관리합니다.

– 모든 수입은 저축계좌로 들어갑니다.
– 여기에서, 자동납부 합니다
  1) 장기자금 용 다양한 펀드
  2) 생활비용으로 사용하는 신용카드비용
  3) 개인 계좌(본인계좌, 배우자계좌)

– 나머지 중기자금, 자동이체 등등 또한 여기서 나갑니다.

계좌명		격주수지 (천원)	소계	계
소득				
세 후 소득 : 워렌		1,975		
세 후 소득 : 케이		269		
총소득	저축계좌			2,244
저축과 지출				
장기저축	다양한 펀드 (저축계좌에서 지출함)	76		
중기저축	저축계좌	263		
총저축			339	
고정비용(자동이체 납부)	저축계좌	1,240		
변동비용	신용카드 (저축계좌에서 납부)	525		
개인비용 : 본인		100		
개인비용 : 배우자		40		
총생활비			1,905	
총저축+총생활비				2,244

생활비용 대비계좌

당신의 계좌를 만드는 방법은 개인적 상황과 은행과의 관계에 달려 있습니다. 은행은 돈 관리에 많은 노력을 기울입니다. 당신이 은행과 좋은 관계를 유지한다면, 최선의 개인 자산 관리 서비스를 은행으로부터 받을 수 있습니다.

개인 계좌를 갖고 있다면 일일 생활비용을 관리하는 방법으로

1. 가정 신용등급이 몇 등급인지 조사하세요.

2. 앞으로 5년 동안의 등급 목표를 세우세요. 비상예비자금 목표를 설정한 다음 이를 마련하기 위해 생활비용에서 줄인 만큼 저축을 추가로 하세요.

3. 모든 생활비용을 등급에 맞게끔 최소화하세요.

4. 모든 고정비용을 계좌에서 빠져나가도록 하세요

5. 신용카드로 변동되는 생활비용을 사용하세요. 사용 한도를 정하여 쓰고, 계좌에서 사용 금액을 자동이체 시키세요.

6. 체크카드 계좌를 배우자에게 만들어주고, 적정 금액을 격주 또는 매달 사용하세요.

만약 계좌가 없다면, 다음 방법을 쓰시면 됩니다.

1. 모든 금액을 이자가 붙는 저축에서 빠져나가도록 하세요. 비상예비자금, 생활자금 포함입니다.

2. 고정비용을 이 계좌에서 빠져나가도록 하세요.

3. 신용카드로 변동되는 생활비용을 사용하세요. 사용 한도를 정하여 쓰고, 계좌에서 사용 금액을 자동이체 시키세요.

4. 이자가 청구되기 전 신용카드 사용대금을 저축계좌에서 자동이체 시키세요.

5. 체크카드 계좌를 배우자에게 만들어주고, 적정 금액을 격주 또는 매달 사용하세요.

자신에게 맞게끔 바꾸세요. 어떤 것이 효율적인 것인지 알게 됩니다.

실용적으로 계좌를 약간 변경할 수도 있습니다. 예를 들어, 잔디 깎는 비용은 카드로 지불할 수 없기에 개인 계좌에서 현금으로 납부해야 합니다.

어디에서 얼만큼 나가는지 아는 것이 중요합니다. 한 계좌에 잔고가 비었다고 해서 다른 계좌에서 사용 자금을 충당하지는 마세요.

자산 관리를 위한 황금률

6가지 불변의 법칙을 기억하시고, 지속적으로 이들을 적용하세요.

1. 계좌는 각각 관리합니다.
2. 개인 비용과 생활비를 분리합니다.
3. 변동지출을 분리합니다.
4. 가지고 있는 것보다 많이 쓰지 않습니다.
5. 지출을 관리합니다.
6. 잔고를 확인합니다.

돈 불리기

지금까지 어떻게 비용을 줄이고, 순 소득을 늘리는지 살펴보았습니다 이제, 소득은 지출보다 많을 것입니다. 다시 말해, 저축이 가능합니다. 이제는 자산을 어떻게 축적하는지 알아봅시다.

자산을 축적하기 위해서는 본인 소유 금액을 이용하거나 남에게 빌려서 투자를 해야 합니다. 어떻게 본인의 자산을 이용하는지 알아봅시다. 꼭 해야 하는 것들이 여기 있습니다.

- 은퇴 계좌 만들기
- 신용카드 사용대금 등의 단기 부채 갚기

- 단기지출 또는 비상예비자금 확보
- 거주용이든, 투자용이든 부동산을 구입하기
- 대출 상환하기
- 저축과 투자 포트폴리오 구성하기
- 위험을 줄이기

은퇴계좌 만들기

아무리 높은 수익률을 원한다 하더라도 연금을 이기긴 어렵습니다. 공적연금인 국민연금은 기업과 노동자가 함께 참여하는 연금제도입니다.

당신이 연봉의 4.5%를 저축한다면 기업 또한 4.5%를 당신을 위해 제공합니다. 즉, 은퇴 시 저축금액의 100%를 이자로 받게 되는 꼴입니다.

단기부채 상환

부의 창출을 위해 흔들리지 않는 전략이 필요합니다. 다시 말해 부채를 없애고, 비상예비자금을 확보하여 새로 빚을 지는 일이 없도록 합니다. 하지만 실제로는 학자금 대출, 부동산 대출, 자동차 대출, 신용카드 사용료, 각종 생활비용 등등 굉장히 많은 부분에서 빚이 발생합니다.

우리는 종종 먼저 저축하고, 수입의 일정 부분을 장기목표를 위해 준비해야 한다고 들었습니다. 하지만 부채가 있다면, 이들은 말이 되지 않습니다.

첫 번째로 고려할 부분은 부채비용입니다. 가장 비싼 이자율은 아마 신용카드일 겁니다. 대략 연 20%를 부과합니다. 따라서 만약 1,000만원을 빌렸다면 일년에 이자로만 200만원을 내게 됩니다.

다음으로 비싼 이자율은 개인신용대출일 것이고, 다음으로는 담보대출, 부동산 대출 등의 순서일 것입니다.

두 번째로, 투자 수익률을 고려합니다. 상당한 투자 위험을 수용한다 하더라도 장기적으로 연 10% 이상의 수익률을 올리긴 힘듭니다.

세 번째로, 세율을 생각합니다. 1,000만원을 투자하여 10%의 수익률을 올렸다면 총 소득은 100만원입니다. 그러나 이자소득에는 세금이 부과됩니다. 그러므로 실제 소득은 당신이 부담해야 하는 세율에 따라 달라집니다.

세 가지를 고려하여, 명확한 그림을 그립니다. 신용카드로 1,000만원을 빌려 투자해도 200만원에 가까운 유지비용을 부담해야 하고 10%의 수익을 올린다고 하더라도 100만원의 손실이 발생합니다. 그러므로 반드시 빚부터 상환해야 합니다. 설사 이자율이 7.5%로 낮다 하더라도 세금까지 고려하여 9.3~12.3%의 투자 수익률을 올려야만 합니다. 하지만, 여기엔 다른 요소들도 존재합니다.

당신의 돈 기질
부채를 갚고 저축하려 해도 항상 말처럼 쉽게 되지는 않습니다. 저축하는 습관이 없다면 저축하기보다 먼저 사용할 것입니다. 축적가와 모험가는 특히나 그렇습니다. 한번 빚을 지기 시작하면 계속 커집니다. 새 가구를 사고, 집을 늘리고, 해외 여행을 갑니다. 저축하는 습관을 들이면 설사 그것이 작다 하더라도 습관이 습관을 부르고 결국 빚은 사라질 것입니다.

상환수수료

고정금리의 부동산 대출이나, 개인 신용대출 등 조기 상환 시 중도상환수수료가 있습니다.

세금공제

투자 이익에 세금을 부과하지 않거나, 세금설계를 통해 비용을 줄일 수 있다면 좋은 방법입니다.

비상예비자금 만들기

단기부채를 갚았다면 비상예비자금을 만들어 재 대출을 방지하세요. 비상예비자금은 갑자기 소득이 끊긴다든지 했을 때의 비용을 충당합니다.

비상예비자금은 자유롭게 입출금이 가능한 계좌에 넣어둡니다. CMA 계좌는 입출금이 자유로우면서 좋은 수익률을 얻을 수 있습니다. 3~6개월 치의 월급을 비상예비자금으로 준비합니다.

　　몇몇 은행들은 자산 관리 시스템을 통해 대출금을 조정해주어, 당신의 대출금 이자를 줄여주기도 합니다.

신용한도(마이너스 통장)

　　또 다른 방법으로, 낮은 이자율의 계좌에 돈을 넣어 놓기 보다, 신용한도를 설정하여 비상자금 이용 시 대출을 받을 수 있습니다. 이 방법은 모든 저축을 장기목적으로 묶어놓아 급하게 돈이 필요할 때 사용 가능합니다. 사용 금액만큼 이자가 붙게 되고, 장기투자를 통한 이자/배당 소득으로 갚으면 되기 때문에 편리합니다.

　　신용카드는 반드시 비상자금 이외로는 사용하지 않도록 합니다.
　　그렇지 않으면 모험가 타입이 될 수 있습니다.

첫 부동산 구매

　　거주를 하든지 안 하든지, 투자용이든, 집을 사는 것은 자산의 축적에 있어서 중요합니다. 미혼 또는 신혼부부가 집을 사기란 사실 어렵습니다. 하지만 누구나 본인 소유의 집을 꿈꾸며, 편안한 환경에서 사는 것을 바랍니다.

　　집을 사기 전에, 스스로를 돌아보고 체크해 보세요.
　　- 저축이 가능합니까?
　　- 단기 부채는 갚았나요?
　　- 비상예비자금은 있습니까?

– 대출금을 상환할 만큼 저축이 가능한가요?

모든 질문에 '예' 라고 대답할 수 있다면, 편안하게 집을 구입하세요. 그렇지 않다면, 대답할 수 있을 때까지 열심히 일해야 합니다.

냉정 하십시오.

집을 살 때, '집=돈' 이라는 기분이 듭니다. 이러한 기분은 감정적 접근을 쉽게 하고 비싼 값을 지불하게 합니다. 사람의 힘으로 어쩔 수 없는 행운이라 생각하기도 합니다. 이 때문에, 어떤 사람들은 처음 집을 구매할 때 실수를 합니다.

감정적으로 접근할 때, 놓쳐버릴까 두려운 나머지 비싼 값에 구입하게 됩니다. 시장에서는 과열양상을 빚기도 합니다.

그리고, 참지 못하는 경우 다른 실수를 야기합니다. 장기적 관점으로 보지 못하게 합니다. 외 벌이일 때, 한 달에 부채 상환을 얼만큼 할 수 있나요? 수리와 유지비용은 얼마나 드나요? 이자율이 올라가면 감당할 수 있습니까?

어디서부터 시작해야 할까요?

처음 집을 사기 전, 4가지를 고려해야 합니다.

1. 집에 대한 기준을 세워, 그 중 몇 가지를 본인에게 맞게끔 합니다.
   – 크기, 접근성, 학교와의 거리, 구조 등등

2. 위의 기준에 적합하면서 당신이 구입 가능한 집들을 알아보아야
   합니다.
3. 은행이나, 부동산 대출업자를 통해 본인의 신용으로 얼마만큼
   대출이 가능한지, 얼만큼씩 갚아나가야 하는지를 확인합니다.
   한꺼번에 큰 부채를 안게 되면 저축이 쉽지 않을 것이기에, 구입 전
   충분히 재정적인 면을 고려해야 합니다.
4. 현재 집을 빌리는 가격과 비교해 봅니다. 이 비용에는 대출금,
   상환이자, 집 유지비용 등이 모두 포함됩니다. 아마 주당 30만원
   정도가 들어간다면, 집을 산 후에는 60만원 정도가 들어갈 것입니다.

구입하고 싶은 집이 정말로 저렴하다면, 구입할 집 유지비용과
현재 지불하는 월세비용의 차액만큼 저축할 수 있어야 합니다.

지금부터, 집 구입 전까지 저축하세요. 정말로 집을 살 수 있는지 없는지 여부를 알게 될 것입니다. 저축이 많으면 많을수록, 금리 인상의 압력을 받는 대출과 소득 감소에 따른 부담이 적을 것입니다.

처음 사는 집은 굳이 클 필요가 없습니다. 20년 동안 살 것도 아니기 때문입니다. 일하면서 차근차근 늘려 나가세요. 부동산 대출금이 크면 클 수록 매도 압박이 심해질 것입니다.

어떤 이들은 투자용부터 구입합니다. 거주 목적으로 구입하는 것이 아니므로, 고려 대상도 당연히 투자 형태에 적합한지를 생각합니다. 구입

가능한 집을 찾기가 훨씬 용이합니다..

또, 집을 구입할 때는 전/월세를 끼고 살 수도 있습니다.

살면서 집은 가장 큰 자산일 것이고, 당신이 처음 구매하는 집은 당신 미래의 부에 큰 영향을 줄 것입니다. 그러므로 값비싼 실수를 피하기 위한 당신의 노력은 충분히 가치가 있습니다.

부채 상환

부채를 빨리 갚을 수록 자산 축적은 빨라질 것입니다. 얼마나 오랫동안 부채를 갚아야 하는지, 일정 시간 동안 얼마나 많이 갚아나갈 수 있는지, 대출 계산기를 통해서 알아보세요. 몇몇 은행들은 인터넷으로 정보를 제공합니다..

1억 원을 9%의 이자로 10년 동안 빌렸다고 한다면. 2주마다 58만 4,660원씩 갚아야 합니다. 만약 2주에 50만원씩 갚는다면 총 상환 기간은 13년 2개월이 될 것입니다.

저축과 투자 전략 세우기

아이가 있다면, 우리가 40~50대가 될 때까지 아이들을 보살펴야 하며, 그 때까지는 부채를 없애야 합니다. 여기서 괴리가 생깁니다. 우리가 은퇴 전까지 얼마 남지 않았고, 모아 놓은 돈이 조금 밖에 없다는 것을 깨닫게 됩니다.

이론적으로는 부채를 갚고 미친 듯이 저축을 해야 하지만 대부분 그렇지 못합니다. 모험가와 획득가는 빚을 줄이거나 없앤 뒤 더 크고 좋은 집과 새 차를 구입하고 해외여행을 갑니다. 다시 부채를 안게 됩니다.

만약 이것이 당신의 문제라면, 저축하는 습관을 만드세요. 매달 조금씩이라도 쉽게 찾아 쓰기 어려운 곳에 투자하세요. 처음엔 쌓이는 게 적을지 모르지만, 복리의 힘은 자산이 자산을 낳을 것입니다.

투자 전략은

– 당신의 돈 기질
– 투자하고자 하는 기간
– 달성하고자 하는 목표
– 수입에서? 또는 자산에서? 아니면 둘 다 이용하여?
– 얼마나 투자 가능한지? 일시납으로? 적립식으로?

에 따라 달라집니다.

중기 자금과 장기 자금을 나눠서 생각하세요.

중기 목표를 위한 저축과 투자

5년 이내에 사용할 자금을 모은다면, 당신이 가진 돈 기질이나 투자 수익률과 관계없이 안전하고, 유동성 있는 자금으로 모아야 합니다. 필요할 때 찾아 쓸 수 있어야 한다는 이야기 입니다.

일반적으로, CMA나 고정 이율인 은행 예금, 채권, 회사채 등에 투자합니다. 이미 이자가 정해져 있고, 복리입니다. 하지만 가치는 변하지 않습니다. (투자 상품의 경우 자산가치가 변동됩니다)

주식 등과 같이 좀 더 변동성이 큰 상품에 투자한다면, 매도 시점에 자산가치가 하락할 수 있다는 위험을 인지하고 투자해야 합니다.

부동산은 중기 목표를 위한 투자로는 부적합합니다. 환금성(원하는 시점에 현금으로 돌릴 수 있는 능력)이 떨어집니다. 돈이 필요할 때 매수자를 찾기까지 시간이 걸리기도 하며, 시장가격 아래로 팔아야 할 수도 있습니다. 예외라면 상장된 부동산 신탁이 있습니다. 이 경우 주식을 팔아 돈을 마련할 수 있습니다.

장기 목표를 위한 저축과 투자

시간이 충분이 많다면, 자산가치가 변동되는 상품에 투자하여 수익률을 증가시킬 수 있습니다. 적어도 5년에서 10년 이상의 투자를 한다면 변동성을 극복할 수 있습니다.

투자를 통해 충분한 수익을 얻을 때까지 저축을 유지해야 합니다. 매도 시점은 필요자금보다는 투자된 시장의 상황에 의해서 결정 될 것입니다. 이를 '자산 투자' 라고 부르고, 두 가지 경우가 있습니다.

- 주식 (개인사업을 통한 경우와 다른 기업의 것을 사는 경우)
- 부동산

대부분의 자산 투자의 경우 높은 수익률과 높은 위험성이 공존합니다. 만약 당신이 기업가나 모험가 타입이라면 문제가 되지 않으나, 축적가나 획득가 타입이라면 고정 이율 상품을 추가하여 투자위험을 줄이고자 할 것입니다.

투자 원칙

투자는 어렵지 않습니다. 크게 4종류의 상품이 있습니다.

현금 : 은행예금 등
고정이율 : 정기예금, 회사채, (정부) 채권
부동산 : 부동산신탁, 상업용또는 주거용 부동산 등
주식 : 개인 사업체의 지분, 상장기업체, 공모 또는 사모 등

이들은 공통적으로 현금으로 거래되지만, 공개 또는 비공개 시장에서 구입 가능합니다.

각각의 상품은 투자 전략상 역할이 다릅니다.

현금 : 유동성을 중시하며(다시 말해, 쉽게 찾을 수 있습니다) 수익률이 낮습니다. 변동성이 작고 시장수익률보다 낮습니다.

고정이율상품 : 자산의 가치가 확정적이며, 수입이 정기적으로 꾸준히 발생하고 경우에 따라 복리가 적용되기도 합니다. 고정금리에 기반한 투자포트폴리오는 가치가 꾸준히 성장하지만 속도는 느립니다. 이율이 정해져 있으나, 세금과 물가상승률의 영향을 받습니다.

주식 : 배당금 등의 작은 수익부터 장시간 동안의 매매차익까지 다양한 기회가 존재합니다. 하지만 가치가 계속 변합니다. 주식시장은 몇 년의 주기가 있으며, 수익률을 높이기 위해서는 2번 이상의 주기를 기다려야 합니다.

사모채 : 자산가치는 증가할 수도 있지만, 사업의 실패 시 위험이 큽니다.

부동산 : 높은 수익률과 자산 증가 모두 가능합니다. 부동산 시장도 주기가 있지만 주식시장만큼 변동성이 크진 않습니다. 주거용 부동산 구매는 당신의 자산 축적에 큰 영향을 미칠 것입니다.

위험과 수익률

위험과 수익률은 공존합니다. 4종류의 상품은 각각 다른 수준의 '위험과 수익률' 을 갖고 있습니다.

현금 : 위험이 가장 낮으며, 수익률도 가장 낮습니다.
고정 이율 상품 : 현금보다 위험성이 높지만, 수익률도 약간 더 높습니다.
주식 : 가장 높은 위험성과 수익률을 보유합니다.

부동산 : 고정 이율 상품과 주식의 중간 단계에 위치합니다.

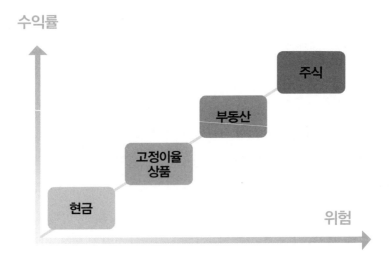

감당할 수 있는 위험 정도는 당신이 가진 돈 기질에 따라 다릅니다.

기업가와 모험가

당신은 선천적으로 위험을 즐기며, 부동산 시장과 주식 시장에서의 전략이 불편하지 않습니다. 당신의 숙제는 모든 자산을 위험 자산에 넣지 말아야 한다는 겁니다. 일부는 안전자산으로 굴려 단기, 중기, 장기 자산을 모두 축적할 수 있도록 해야 합니다.

축적가와 획득가

위험을 감수하는 것을 천성적으로 싫어하기 때문에, 자산을 크게 증가시키긴 어렵습니다. 당신의 숙제는 약간의 위험을 감수하면서 투자 수익률을 높일 수 있는 방법을 찾아야 한다는 겁니다. 자산 중 일부를 은퇴 목표를 달성하기 위해서 성장 가능한 곳에 투자하여야 합니다.

위험 줄이기

투자에서의 위험은 자산이 당신의 생각대로 움직이지 않는 것을 의미합니다. 추가 수익을 얻고자 했지만 그렇지 못하는 경우를 말하지요.

위험을 줄이는 방법은 다음과 같습니다.

분산

분산은 현명한 투자의 핵심입니다. 이는 감당할 수 있는 위험에서 가장 높은 수익률을 안겨 줄 것입니다. 한 바구니에 모든 달걀을 넣지 말라는 투자격언이 있습니다. 조금씩 다양하게 자산을 구입하세요. 서로 다른 자산 군, 서로 다른 지역, 서로 다른 국가에 투자하세요. 투자자산의 분산은 각각 다른 자산 군에 투자함을 의미합니다.

장기투자

투자가 위험을 동반한다면 목표 시간을 길게 가져가세요. 목표 수익까지 투자액을 잊어버리세요

고정 이율 상품

고정 이율 상품의 가장 큰 위험 중 한가지는 돈을 빌려서 투자할 경우 이자와 자본이득이 대출금의 이자와 원금상환에 미치지 못할 수 도 있다

는 것입니다. 수익에 따른 위험을 고려하지 않고 높은 수익만을 추종하지 않도록 주의해야 합니다.

2007년의 신용 위기 당시 정기예금, 회사채 등의 고정이율 상품도 손실이 있었습니다. 장기 투자의 경우, 높은 위험을 동반하면서 수익률이 높기 보다는, 적절한 수익률을 목표로 안전하게 투자하는 것이 좋습니다.

대부분의 고정 이율 상품은 고유의 신용 등급이 있습니다. 이를 통해 회사의 위험도를 알 수 있습니다.

항상, 투자하기 전 (회사의) 신용 등급을 살피세요.

Standard and Poor's, Moody's 그리고 Fitch가 주요한 신용평가사입니다. 이들은 평가를 내리기 전, 다각도로 분석합니다. 수익 가능성도 물론 살피지만, 회사의 발전과 몰락에 영향을 줄 수 있는 대 내외적 많은 요소들을 모두 고려합니다.

각각의 등급은 의미가 다릅니다. 따라서, 이 등급이 좋은지 나쁜지 이해하려면 각 등급이 어느 정도에 속하는지를 먼저 알아야 합니다.

일례로 100개의 회사가 BB등급을 받았다면 이 중 2개는 1년 안에, 5년 안에 9개의 회사가 망할 수 있다는 것을 의미합니다. 여기에 +와 −로 좀 더 세분화합니다. 투자 등급이 BBB-까지를 적격 등급으로 간주하고, AAA는 매우 건강한 등급입니다. C 는 매우 취약합니다.

Standard and Poor's 의 신용등급

등급	부도날 확률	
	향후 2년간	향후 5년간
AAA	0–0.01%	0.03%
AA	0.01–0.02%	0.21%
A	0.05–0.1%	0.63%
BBB	0.2–0.4%	2.14%
BB	0.6–1.6%	9.02%
B	3.0–11.0%	25.77%
CCC,CC and C	25–30%	46.22%

출처 : www.yourinvestments.standardandpoors.co.nz

또 다른 위험은 이자율의 변화입니다. 장기간 고정이율 상품이라면 이 위험에 노출됩니다. 향후 5년 동안 이자율이 9%짜리 상품이라면 투자하고 싶을 지도 모릅니다. 하지만, 만약 내년에 11%의 상품이 나온다면 별로 매력적이지 못할 것입니다.

고정 이율 상품 만기를 다양하게 배치하세요. 한꺼번에 만기가 도래한다면, 낮은 이율을 주는 상품에 몽땅 집어넣어야 할 지도 모릅니다.

고정 이율 상품의 위험 줄이기

– 투자하기 전 각 회사의 신용등급을 확인하세요.
– 몇 개의 다른 회사나 은행에 나눠서 저축하세요.
– 이자율이 오르는 추세라면, 너무 장기간 투자하지 마세요.
– 투자 상품의 만기를 다양화하여, 동시에 모든 금액을 재투자하지
  마세요.

주식 투자

주식 투자의 위험은 조금 다릅니다. 자산손실의 위험은 단순히 투자한 회사의 실적에 국한되지 않고, 시장상황과 투자한 기간에도 영향을 받습니다.

주식 시장에서 위험을 줄이려면

– 지역과 산업, 대형/중소형 등을 나눠서 투자하세요. 중소형주가
  대형주보다 실적이 나을 수 있습니다.
– 시장가격이 충분히 오를 수 있도록 긴 시간 동안 투자해야 합니다.
  10년 이상이 걸릴 수도 있습니다.
– 가격이 급락한다고 당황하지 마세요. 주기가 있다는 점을 기억하세요.
  떨어진 가격은 다시 오릅니다. 가격이 떨어졌을 때, 구입하는 것이
  가장 좋은 시점입니다.

사모채

사모채 위험을 줄이려면 269~278쪽을 참고하세요.

부동산 투자

부동산 가격은 항상 오르진 않습니다. 하지만, 부동산 가격 역시 주기에 영향을 받으며, 대부분의 사람들은 매도 매수 가격에 큰 차이가 발생하기 전까지 부동산을 보유하려는 경향이 있습니다.

부동산 투자수입은 임대수입과 자산가치 수입으로 나뉩니다. 하지만 과잉공급은 임대료와 자산가치 모두를 하락시킵니다. 임대료는 부동산 가치 자체에 비해 적은 양이므로, 조금씩 자산의 가치를 하락 시킬 것입니다.

또한, 공실이나, 임대료 상환연기 등도 위험요소입니다. 그럼에도, 주식과 부동산은 장기목표 투자로는 가장 나은 선택입니다.

부동산 투자에서 위험 줄이기

- 투자 전략을 자산가치의 상승분과 임대료를 얻을 수 있는 것 둘로 나누세요.
- 수익률 재고 방법을 찾으세요. 소형부동산을 여러 개 구입하여 임대 율을 높이면 이는 자산가치가 빠르게 오르는 것과 동일한 효과를 지닙니다.
- 좋은 세입자가 들어올 수 있도록 고르세요.
- 세입자가 임대료를 제대로 낼 수 있는지 여부를 확인하세요. (신용도 등)
- 구입 전, 본인비용과 기대 현금흐름 등을 계산하여 대출이 필요한지 여부를 확인하세요.

투자 위험과 수익률

당신이 지닌 돈 기질을 알아보는 방법으로, 5억짜리 복권에 당첨되었다고 가정해 봅시다.

축적가라면, 이 뜻하지 않은 횡재를 안전하게 은행에 모셔두고, 이자가 늘어나는 것을 확인할 겁니다. 모험가라면여행이든, 옷이든, 대부분의 금액을 일회성의 유희에 사용할 것입니다. 획득가라면집을확장하거나, 새 차를 구입하거나, 부부 동반 여행을 계획합니다.

그리고도 남는 금액에 대해서 모험가와 획득가는 다른 자산과 혼합하여 투자를 다변화 시킬 것입니다. 하지만 그들이 투자를 하기까지 소비에 대한 유혹을 이겨내야 할 것입니다.

기업가라면, 일확천금은 더 큰 돈을 낳을 수 있는 종자돈으로 사용합니다. (부동산, 주식, 사모채 등)

축적가와 기업가만이 선천적인 투자자입니다.

각 타입에 따른 투자 조언

축적가

축적가는 안전하고, 보장된 투자를 선호합니다. 그래서 수익률 또한 크게 바라지 않습니다. 당신이 축적가라면 주식 투자는 두려워할 것이며 현금 또는 고정이율 상품을 선호합니다.
수익률을 올리기 위해 투자 전략에 주식형 상품을 집어넣는 것이 가장 큰 숙제일 것입니다.

- 시간의 위대함을 믿으세요. 시장변동성은 투자자의 가장 큰 위험요소이지만, 장기투자의 경우 변동성이 매우 줄어들어 위험 또한 줄어듭니다. 자산 중 일부는 10년 이상 사용하지 않는다는 생각으로 주식이나 부동산에 투자하세요.
- 위험을 줄이고, 심리적 안정을 얻기 위해 전문가와 상의하세요.

기업가

기업가는 안정성보다는 잠재적인 고수익을 추구합니다. 기업가라면, 한 바구니에 달걀을 담는 것을 두려워하지 않으며, 기회를 잡으려 노력할 것입니다. 투자를 다변화하면 수익률이 떨어질 거라고 생각합니다. 자산의 분산이 가장 큰 숙제입니다.

- 고정 이율 상품 등의 위험이 적은 상품들도 투자에 포함시키세요.
- 투자 금액 중 일부는 안전자산에 편입시키세요.

획득가

획득가는 미래의 생활환경보다는 현재를 위해 사용하길 원합니다. 또, 기업가와 모험가에 비해 위험 선호도가 낮습니다. 획득가라면, 소비보다는 투자를 해야 합니다.

- 투자자금을 만들기 위해 정기적으로 저축하세요.
- 부동산 등에 투자하면서 대출받는 방법을 고려하세요. 하지만, 당신의 보수적 성향에 적합한 상품을 고르세요.

모험가

모험가는 다른 성향에 비해 '부채와의 투쟁'을 가장 많이 할 타입입니다. 모험가라면 본인의 성향을 쇼핑하는 것에 쓰기 보다는 잠재적인 고수익 상품에 투자할 때 사용해야 합니다.

– 부채를 줄이는 것을 심각하게 고민하고, 정기적인 저축으로
  투자자산을 만드세요.
– 위험을 수반하고자 하는 성향은 자산 축적에 도움이 될 것입니다.

부자가 되는 빠른 방법

자산을 빨리 늘리고 싶다면, 3가지 투자 방법를 기억하세요.

– 본인이 하는 사업
– 주식
– 부동산

이들을 가리켜 '성장자산'이라고 말합니다. 성장을 위한 투자는 높은 위험을 동반합니다.

어떻게 투자금액을 분배할까요?

일시금으로 하든, 적립식으로 하든 방법은 같습니다. 각 형태 – 현금, 고정이율, 부동산, 주식 – 별로 어떻게 나눌 것인가를 이야기합니다. 이를 '자산 배분'이라 말합니다.

자산 배분시 포트폴리오를 역내/역외적으로 어떻게 나눌 것인지 먼저 생각해야 합니다.

아래 질문에 먼저 대답해 봅시다.

- 축적가인가요? 획득가인가요?
- 5년 내 사용할 금액은 어떻게 할 것인지 계획하셨나요?
- 투자로부터 소득을 얻고자 하나요?

각각의 질문에 모두 '예' 라고 답했다면, 당신의 포트폴리오는 현금이나 고정이율 상품에만 투자해야 합니다.

이미 은퇴했거나, 일을 점점 적게 하는 축적가라면 자산 배분을 통해 이자에서 꾸준히 소득을 얻기를 원할 것입니다.

자산형태	국내 %	국외 %	계
현금	15	0	15
고정이율	45	15	60
부동산	5	0	5
주식	5	15	20
계	**70**	**30**	**100**

또 다른 질문에 대답해 보세요.

- 기업가나 모험가 타입입니까?

- 5년 이상의 투자 계획을 가지고 있습니까?
- 소득에서 아주 일부라도 투자하여 수익을 얻고자 하나요?
  목표치가 높은가요?

이 질문들에 모두 '예'라고 답했다면, 당신의 포트폴리오는 부동산과 주식 등에 좀 더 높은 비중을 둬야 합니다. 높은 수익을 얻고자 하는 기업가의 자산 배분은 다음과 같습니다.

자산형태	국내 %	국외 %	계
현금	5	0	5
고정이율	10	5	15
부동산	15	0	15
주식	20	40	60
계	**50**	**50**	**100**

자산 배분이 시간이 지남에 따라 바뀔 수는 있지만, 투자 상품의 가치는 계속 변동되고, 목표 수익을 얻을 때까지는 주식 편입 비중이 높아질 수 있습니다. 그러므로, 투자 전 자산 배분이 무엇보다 중요합니다. 만약 적절치 못하다면 높은 변동성에서 좀 더 안전하게 느끼는 것으로 바꾸거나, 또는 투자자산의 성장이 더딜 경우 좀 더 수익률을 생각할 수 있는 형태로 변경해야 합니다.

안정적인 포트폴리오는 일반적으로 장기간에 걸쳐 낮은 성장을 보여주지만, 성장 포트폴리오는 단기적 변동성이 큽니다.

투자 시 가장 중요한 것은 '자산 배분' 입니다.

최소한 전체 수익 중 80%이상은 여기에서 결정됩니다.

사 례

그레이엄과 게일은 50대의 부부입니다. 저를 찾아왔을 때, 그레이엄의 모친과 그들의 포트폴리오 두 개를 문의했습니다. 그레이엄은 집을 팔아 그 돈으로 2~3년 동안 투자를 한 뒤 은퇴 후 새로운 집을 구입하고 싶어했습니다. 그레이엄의 모친은 80대로, 요양원에서 살고 있으며 투자 수익으로 그녀의 요양 자금을 충당하고 있었습니다.

그레이엄은 세계 시장에 90% 이상을 투자하라는 조언을 받았었고, 이를 실행했습니다. 당시 시장에서는 15%~25%의 수익을 얻을 수 있는 상황이었습니다. 갑자기 상황이 급변했습니다. 투자한 직후 100년 이래 가장 큰 폭으로 시장이 악화, 손실이 1억 원을 넘었습니다.

이 때, 투자는 반드시 고정 이율상품으로 했어야만 했습니다. 부부는 단기 투자를 통해 집을 구입했어야만 합니다. 주식시장에서 돈을 잃었을 뿐만 아니라, 집값이 갑자기 뛰었습니다. 이제 그들은 은퇴 이후에 사용할 집을 구매하던지, 자산 손실을 메우기 위해 길게 일하던지, 부동산 대출을 받아야만 합니다.

고정 이율 상품은 그레이엄의 모친에게 좋은 소득원이자, 아이들에게 남겨 줄 안전한 자산입니다. 요양원 비용을 다 냈음에도, 그레이엄과 그의 형제자매는 많은 유산을 받을 수 있었습니다.

CASE STUDY 자산배분

사 례

워렌과 케이는 50대의 부부입니다 (163쪽 참조) 그들은 목표를 위해 저축 계획을 이렇게 세웠습니다.

	매년 필요한 저축(천원)	필요 년 수
비상자금	1,883	5
중기목표 (5년 이내 사용)	4,966	5
장기목표 (5년 이후 사용)	1,997	8~10
은퇴목표	17,400	10 (5년내 시작)

여기에 맞게, 자산 배분을 이렇게 구성했습니다.

목표	저축	투자
비상자금	CMA	CMA
중기목표	정기예금, 적금, CMA	고정이율상품(정기적금, 채권)
장기목표	다양한 펀드에	현금 5%, 고정이율 35%
(은퇴목표)	정기/일시납으로 확보	부동산 5%, 주식 55%

장기목표자금

자산배분이 끝난 후에는 과거의 운용 실적에 연연하지 마세요. 모든 투자 환경은 주기를 지니며, 단기에는 효과를 보지 못합니다. 어떤 경우에 일정 기간 동안 좋은 성과를 냈다면, 이는 곧 떨어지기 쉽다는 뜻을 의미합니다.

다시 말해, 단기적으로 자산가치가 하락했다 하더라도 투자를 유지해야 합니다. 절대로, 가장 좋은 타이밍을 고를 수 없습니다. 중요한 것은 꾸준히 투자 환경을 유지하는 것이며, 몇 번의 시장 주기를 이겨내는 것입니다.

정액 정기 매입의 원리

일정 금액을 매달 조금씩 투자하는 것은 좋은 방법입니다. 정기적으로 조금씩 투자하면 평균 가격으로 구입할 수 있기 때문에 언제가 투자하기 가장 좋은 시점인지 고민할 필요가 없습니다.

장기간 꾸준히 투자했다면, 자동적으로 가격이 올랐을 때는 적게 사고, 떨어지면 많이 살 것입니다. 이를 '정액 정기 매입'이라 합니다. 물론, '정액 정기 매입'이 항상 이득을 보지는 못합니다. 하지만, 시장의 변화에 큰 영향을 받지 않으며, 변동성 위험을 줄여줍니다.

빌려서 투자하기(레버리지 효과)

자산을 빠르게 축적하는 가장 강력한 방법중의 한가지는 레버리지를 이용하는 것입니다. 쉽게 말해서, 레버리지는 남의 돈을 빌려서 당신의 투자자금을 늘리는 것을 말합니다.

가장 대중적인 레버리징은 대출을 이용하는 것입니다. 예를 들어, 2,000만원을 투자하고자 한다고 가정하겠습니다. 물론, 2,000만원으로는 집을 구입할 수 없지만, 2억 원에 집을 구입하면서 나머지 18,000만원을 은행에서 6%의 이자로 빌렸다고 가정하겠습니다.

투자한 부동산을 세를 주어 연10%의 수익을 얻는다면 2,000만원입니다. 여기서 제반 비용(이자, 보험 등)으로 1,500만원이 들어갑니다. 순소득은 500만원이 되며 이는 당신의 투자비용 2,000만원 대비 연 25%의 수익입니다.

원리는 간단합니다. 대출 이자비용보다 투자자산의 수익이 높기 때문에 가능한 것입니다. 이렇게 간단한 것을 왜 사람들이 잘 사용하지 않을까요? 왜냐하면, 레버리징은 양날의 칼이기 때문입니다. 항상 투자수익이 대출이자보다 높을 수는 없습니다.

예를 들면, 이자율이 상승하여 원래 납부하던 것보다 상환비용이 더 늘어날 수 있으며, 투자수익 또한 줄어 들 수 있습니다. 원래의 예시로 돌아가 투자 수익이 6%로 줄어 1,200만원을 벌어들인다면 제반 비용 1,500만원을 고려하면 300만원의 손실을 보게 되며, 투자금액 대비 연 15%의 손실이 발생합니다.

레버리징의 한 장점으로, 벌어들인 수입에 대한 세금이 (같은 돈임에도 본인의 돈으로 모두 투자했을 때의 세금보다) 줄어듭니다. 이 같은 세금 공제는 주로 투자형 부동산, 사업설립 등에 적용되는 것으로 알려져 있으나 주식, 고정금리 상품 등의 다른 자산에는 적용되는지는 알 수 없는 경우가 대부분입니다.

주식 포트폴리오 자체도 담보로 사용할 수 있지만, 포트폴리오의 투자목적에 따라 대출 금액이 50~80%로 제한됩니다. 대출 시 각각의 지분에 대한 담보 비율을 설정하는데, 이를 '신용 공여'라고 합니다.

레버리지를 이용한 포트폴리오는 대기업인 주식회사 또는 특정 브로커들이 주로 사용합니다. '신용 공여'의 장점으로는 기존에 투자하고 있는 것을 처분하지 않고, 대출을 받아 추가적인 주식을 구입함으로써 투자의 다변화를 꾀할 수 있습니다.

어떻게 작용하는지, 간단한 예를 들겠습니다. 당신은 3,000만원을 보유하고 있으며 이를 주식시장에 투자하고 있습니다. 신용 공여를 통해 70%를 채울 수 있어, 1억 원의 주식을 보유합니다. 투자한 주식이 10%가 오르면 수익으로 1,000만원을 얻을 수 있으며, 이는 원래 투자 금액 3,000만원 대비 33%의 수익률을 올린 것입니다. 게다가, 배당금도 제공될 지 모릅니다.

하지만, 총 수익률(자산증가와 배당금)에서 중개 이자와 비용을 공제해야 합니다. 배당금은 부채 비용의 일부를 충당할 수 있지만, 전체 부채의 비용을 매달 충당하기 위해서는 결국 자본 이득이 부채비용보다 커야만 합니다.

> ## 레버리징
>
> 투자 수익률과 부채비용은 밀접한 관련이 있습니다.
>
> 레버리지를 이용하여 투자하기 전, 비슷한 수익을 얻을 수 있는 몇 가지 시나리오를 작성해 보세요. 최악의 경우와 최선의 경우, 기대하는 경우 등등.
>
> 먼저 당신의 역할을 충실히 한 뒤에, 위험과 수익을 합리적으로 고려하세요. 두려워하지는 마십시오.

레버리지를 이용한 주식포트폴리오 약점은,
주식가치가 변동하는 것입니다.

만약 가치가 하락한다면 대출 비율을 유지해야 하는 원래의 계약에 따라 더 많은 자금을 투입해야 할 지도 모릅니다. 또한, 포트폴리오 전체 자산의 가치 하락 위험성에 직면하여, 가격이 떨어진 채로 팔아야 할 수도 있습니다.

신주 인수권

신주 인수권은 또 다른 레버리지 투자 방법입니다. 신주 인수권이란, 현재의 주식가격으로 미래의 시점에 새로운 주식을 살 수 있는 권리를 주는 것을 말합니다. 이는 채권 만기 시 최초 발행가격으로 미래에 주식을 구입할 수 있도록 요청할 수 있는 권리입니다. 최종 금액은 배당금에서 잔여 금액을 차감하고 배분합니다.

신주 인수권은 만기 전 매각할 수 있으며, 만기 시 당신은 최종 금액 또는 이에 상응하는 현금을 지불하고, 주식을 보유할 수 있습니다.

레버리지와 당신의 돈 기질
레버리지는 잠재적인 고수익을 내포하지만, 높은 위험도 수반합니다. 여기엔 당신이 지닌 돈 기질과 전체적인 재정 상황에 따라 달라집니다.

기업가
레버리지를 자산이 빨리 늘어나는 수단으로 사용할 것입니다.

축적가
레버리지는 당신의 영역 밖입니다. 하지만, 옆에서 지식과 경험을 지닌 누군가가 도와준다면, 결코 두려워할 것은 아닙니다.

축적가와 모험가
적당히 이용하겠지만, 먼저 알아보고 실행하세요.

대출 한도 측정하기

레버리지를 이용하여 투자를 하기 전에, 대출 한도가 얼마인지 미리 알아볼 필요가 있습니다. 구입 전, 대출 수준을 정해야만 그들(판매자)은 계약을 완료할 것입니다.

은행은 일반적으로 두 가지를 보고 대출 금액을 승인합니다.

첫 번째는 담보대출비율입니다. 자산 가치 대비 대출이 얼마나 차지하는지를 알아보는 것이지요. 각각의 자산에 따라 비율이 달라집니다.

두 번째는, 당신의 총수입에서 지출을 비교하여 월간 단위의 재정 건전성을 파악합니다. 은행은 수입 중에 얼만큼씩 갚아 나갈 수 있는지를 봅니다. 대출금 상환, 신용카드 비용, 다른 대출이 얼마나 있는지, 양육비, 다른 세금 등등 모든 것을 알아봅니다. 일반적으로, 이들은 월급의 35%를 넘지 않아야 합니다.

투자포트폴리오 유지하기

투자포트폴리오에서 '설정하고 잊어버리기'와 같은 방법은 없습니다. 위험을 최소화하고 수익을 최대화하기 위해서는 당신 또는 당신이 믿을 만한 누군가에 의해 관리되어야 합니다.

이러한 작업들은 중요합니다.

1. 정기적인 점검과 자산배분 유지 −당신의 포트폴리오가 다른 자산집단과 어떻게 구분이 되는지?

2. 각각의 자산 집단 별로 특정한 투자에 대한 점검. 자산 집단 별 성과가 어떤지? 어떤 자산에 변화를 주어야 하는지?

3. 구입가격, 수익, 분포 그리고 시간에 따른 가치의 변화 기록하기

4. 포트폴리오 내에서 자산집단 별, 각각의 투자자산 단위로 성과 점검하기

5. 환급을 위한 연말정산 준비하기

자산배분 유지하기

위에서 열거한 것 중에서 가장 중요한 것은 정기적인 점검과 자산배분을 유지하는 것입니다. 자산배분은 투자포트폴리오의 위험과 수익을 결정하는 중요한 요소입니다.

시간이 지나면 투자포트폴리오가 처음의 자산배분을 벗어날 수 있습니다. 투자 안의 특정 주식이나 자산의 가치가 변동하기 때문입니다. 예를 들어, 투자금액 1억 원 중 주식에 50%, 다른 자산에 나머지 50%를 투자하였는데 6개월 후 주식의 가치가 6,000만원으로 상승하여 전체자산이 11,000만원이 된 경우, 포트폴리오에서 주식이 55% 다른 자산이 45%의 비중을 차지하게 됩니다.

이런 경우 원래의 자산배분을 통해서 포트폴리오 수익을 최적화 하기 위해 주식을 일부 매각하여 주식의 가치가 5,500만원이 되도록 하여야 합니다. 주식을 매도하여 발생한 자금은 다른 자산 군에 투자가 되어야 50%의 비율이 맞추어 지게 됩니다.

그러나 6개월 후에 주식의 가치가 하락하여 4,000만원이 된 경우 포트폴리오에서 주식이 차지하는 비율은 44%로 떨어지게 됩니다. 이렇게 된 경우 포트폴리오에서 다른 자산을 일부 매도하여 주식을 추가 구매함으로써 주식이 차지하는 비율이 50%가 되도록 하여야 합니다.

왜 이러한 과정들이 필요할까요?

당신이 투자에 대한 관리를 실행한 경우, 결과를 분석해보면 이는 명확해 집니다. 주가가 높을 때 주식을 팔고, 주가가 낮을 때 주식을 사게 된다면 포트폴리오의 수익이 최적화 될 것입니다.

학습하지 않은 투자자는 반대로 하는 경향이 있습니다. 그들은 과거의 성과를 보고 미래도 그렇게 될 것이라고 가정하며 투자를 결정합니다. 예를 들어 주가가 급격하고 지속적으로 상승하는 경우, 그들은 주가가 계속해서 상승할 것을 기대하면서 주식을 매수하게 됩니다.

그러나 예리한 투자자는 꾸준하고 급격한 주가의 상승은 주가의 하락이 뒤따른다는 것을 알고 있습니다. 학습하지 않은 투자자는 주가가 떨어지면 공포를 느끼며 주식을 매도하게 됩니다. 결과는? 이러한 투자자는 높은 가격에 사서 낮은 가격에서 팔게 되어 많은 손실을 입게 됩니다.

포트폴리오 매니저 고용하기

여러분은 직접 투자포트폴리오를 관리하거나 투자조언가를 통해서 관리 할 수도 있습니다. 직접 포트폴리오를 관리할 겨우 다음을 고려하여야 합니다.

–소규모 포트폴리오 운용: 5,000만원 이하
–많은 점검이 필요하지 않은 고정금리 자산에 주로 투자하세요.
–이자가 있는 곳에 투자하세요.
–여가시간을 포트폴리오를 점검하고 연구하는데 사용하세요.

투자포트폴리오 성과 향상시키기

당신이 투기자가 아닌 투자자라면 장기적인 관점에서 당신에게 가장 적합한 목표 수익률을 정해야 합니다. 투자자들은 수익은 낮지만 안정적인 투자포트폴리와 장기적으로는 높은 수익을 기대할 수 있지만 단기적으로 변동성이 큰 투자포트롤리오 사이에서 선택을 해야 합니다.

축적가와 획득가는 안정적인 투자를 찾을 것입니다.
기업가와 모험가는 높은 수익을 얻기 위해서 안정성과 변동성을 함께 고려할 것입니다.

안정성 vs 변동성

고정금리 투자자산을 포함하고 있는 포트폴리오는 기업이나 투자자산이 부도가 나지 않는다면 지속적으로 안정적인 수익을 제공할 것입니다.

그러나 주식과 같은 성장형 자산을 포함한 투자포트폴리오는 가치가 등락을 반복할 것입니다. 어떤 때는 수익을 어떤 때는 손실을 가져올 것입니다. 고정금리 포트폴리오와 매년 성과를 비교하지 마세요. 이는 사과와 오렌지를 비교하는 것과 같습니다. 고정금리 포트폴리오가 항상 좋은 성과를 내는 해도 있을 것입니다. 성장형 포트폴리오와 고정금리 포트폴리오의 연간 성과를 비교하여 설명하는 것이 큰 의미가 없다는 것을 알게 된다면 당신은 그로 인하여 고민하는 일은 줄어들 것입니다.

짧은 기간, 시장지표에 대하여 포트폴리오 각 자산집단간 성과를 비교하는 것은 그 자산집단과 연관이 있습니다. 여러분의 투자 목표는 시장보다 나은 성과를 달성하는 것이어야 합니다. 당신의 주식포트폴리오가 15% 하락하였으나 시장지표가 30% 하락하였다면 당신의 주식은 좋은 성과를 거둔 것입니다.

장기간에 있어서 여러분의 투자목표는 세금과 투자비용을 차감한 수익이 같은 기간 은행에 맡겨 둔 것보다 뛰어나야 합니다. 이는 여러분이 어느 정도 위험을 감수하는가에 달려 있습니다.

투자 기간에 따른 구조 및 주식에 투자해야 하는 이유
– 특히 은퇴하는 경우

간단하게, 당신의 투자 기간 구조는 당신의 자산을 최대한 이용하여 당신의 계획을 끝마칠 때까지의 기간입니다. 예를 들어, 만약 여러분이 일하는 시간을 줄이거나 은퇴를 위해서 투자한다면, 당신의 기간구조는 여러분이 은퇴할 때까지의 기간이 아니라, 소득을 사용하기 보다는 여러분의 자산을 소비에 사용할 필요가 있을 때까지의 기간을 말합니다.

만약에 당신이 50세인데 65세에 은퇴하고자 한다면, 당신의 투자 기간구조는 15년이 아니고 25년 또는 이 이상이 될 수도 있습니다. 이는 당신이 은퇴 후 얼마나 오래 살게 되는지, 그리고 당신이 은퇴해서 자산을 얼마나 빠르게 사용하는지에 달려 있습니다. 만약에 당신이 최근에 은퇴하였거나, 심지어는 당신의 자녀에게 아무것도 남기지 않는다면 당신의 투자자산을 모두 소비하는데 오랜 시간이 걸리게 될 것입니다. 당신의 포트폴리오 일정부분은 최소한 10년 또는 그 이상 투자가 되게 될 것입니다.

오랜 기간에 걸쳐 투자하는 자산의 일부는 가치가 성장하는 자산이어야 합니다. 예를 들어, 당신이 은퇴하여 투자자산에서 발생하는 소득으로 사는 삶을 선택 한 경우, 당신이 1억 원을 투자하여 투자자산이 세 후 4.8% 성장하게 된다면, 당신의 연금에 매년 세 후 480만원을 수익을 제공해 줄 것입니다.

듣기 좋은가요? 그래요, 처음 몇 년간은 좋을 것입니다. 그러나 물가상승률이 3%인 경우 10년 후에 당신의 자산가치는 현재가치로 7,370만원 밖에 되질 않습니다. 세 후 4.8%의 수익이 발생하는 경우 매년 자산에서 발생하는 순소득은 354만원에 지나지 않습니다. 당신의 자산과 소득이 26%나 감소하게 됩니다. 당신의 소득을 유지하기 위해서 더욱이 당신의 투자자산의 가치하락을 줄이기 위해서라도 당신의 자산을 최대한 활용할 필요가 있습니다.

예를 들어, 정부 통계에 따르면 당신이 1987년 장바구니에 음식을 가득 채우는데 10만원이 들었다면 1997년에는 13만원 2007년에는 16만7천원의 비용이 들었습니다. 만약 당신이 지금 65세의 나이로 은퇴하여 물가상승률이 동일하게 상승할 경우 20년 뒤에는 장바구니에 음식을 채우는데 약 27만9천원의 비용이 들게 됩니다.

장기간에 걸쳐 물가상승률 이상의 세 후 수익률을 달성하면서 소득을 얻을 수 있는 투자의 종류 중 한가지는 주식입니다.

여러분이 10년 이상 투자를 하게 된다면 1억 원의 분산된 주식포트폴리오에서 세 후 8%의 수익은 기대할 수 있을 것입니다. 당신의 순소득은 매년 평균적으로 800만원이 될 것입니다. 이것은 당신의 소득을 480만원이 유지되게 할 것이며, 당신의 포트폴리오 가치를 매년 320만원 상승시킬 것입니다. 투자자산의 가치를 매년 평균 3.2% 상승시키는 이런 방법이 물가상승률을 헤지 하기에 충분할 것입니다. 당신의 자산과 소득의 현재가치를 유지하게 할 것 입니다.

물론, 세금과 물가상승률에 자산을 잠식 당할 수 있는 고정금리 투자자산에 당신의 모든 자산을 투자하거나 휘발성이 있는 주식에 모든 자산을 투자하는 것은 바람직하지 않습니다. 언제나처럼 최선의 투자방법은 당신이 선호하는 자산배분에 따라 당신의 투자자산을 배분하는 것입니다.

투기자는 단기간 안에 높은 수익을 올리고자 위험성이 높은 투자포트
폴리오에 자금을 투여합니다. 이는 장기간 꾸준한 수익을 추구하는 투자
자와는 다릅니다.

투기자는 매일의 가격변동, 시장의 과열 및 가격착오 등을 통해 이득
을 얻고자 주식을 사고 팔 것입니다. 본인의 이득을 위해 시장변화를 예
측할지도 모릅니다. 예들 들어, 특정지역의 상승 자산을 주목하고 있다
면, 그들은 단기간에 자본차익을 얻기 위해서 매매를 할 것입니다.

투자자들과 달리, 이들은 그들의 투자자산가격의 단기 변화에 민감합
니다. 투자자는 단지 살 때와 팔 때의 가격에만 관심이 있지 그 밖엔 무
관심합니다. 10년 동안 보유할 자산이라면 현재의 자산가격이나 내년의
기대가격을 걱정하지는 않을 것입니다.

투기자와 투자자 모두, 시장이 순환함을 압니다. 투기자는 단시간 안
에 최저점에서 구입하여 최고점에서 팔고자 합니다. 짧은 시간이므로,
투기자는 정확하게 정점과 저점을 예측해야 합니다.

이와는 다르게 투자자는 정점과 저점에 상대적으로 둔감합니다. 이들
의 전략은 보유 자산이 설사 최고점에 이르렀다 하더라도 충분한 기간

동안 자산을 보유하는 것이며, 순환하는 시장에서 만족할만한 수익이 발생하는 시점에 자산을 환매합니다.

자산을 형성하려 할 때 가장 큰 실수 중 하나는 큰 위험을 너무 쉽게 수용하는 것입니다. 투기자 방법으로 포트폴리오를 짠다면 돈을 금방 날릴 수도 있습니다. 기업가 성향은 특히 이점을 유념해야 합니다.

투자 경험이 없다면 실수할 수 있습니다. 규칙적인 저축 습관 속에서 투자를 다양화하거나, 투자에 사용할 돈 5,000만원~1억 원을 먼저 만드세요. 충분한 투자경험을 쌓았다면 이미 약간의 투기적인 기회를 경험해 보았을 것입니다.

기업가와 모험가 타입은 투기자에 가깝고, 축적가와
획득가 성향은 투자자일 때 편안함을 느낍니다.

역모기지론

종자돈을 준비하지 못한 채 은퇴를 앞두게 되었나요? 당신만 그런 것이 아닙니다. 같은 처지에 있는 사람들이 많습니다

아마 당신은 순간의 삶을 즐겼던 모험가나, 질적인 성장을 위해 노력해서 투자에 여유가 없었던 획득가 타입일 가능성이 높습니다. 하지만 한편으로 실직, 사업상의 실패, 중대한 질병으로 인한 장기 투병, 사망 또는 이혼 등으로 배우자를 잃어버리는 등 불행했을 수도 있습니다.

만약 다행스럽게도 그나마 본인 소유의 집이 있다면, 당신은 가치 있는 자산을 소유할 수 있습니다. 하지만, 이를 매도하거나 담보대출을 하기 전까지는 가치를 활용할 방법이 없습니다. 대부분의 은퇴한 사람들의 담보대출 시, 생활 자금 정도의 연금은 마련할 수 있지만 이를 갚을 능력은 없을 것입니다.

어떤 이들에게는 주택담보대출이 정답일 수 있습니다.

역모기지론은 자신의 집에 그대로 살면서 집 가치만큼의
금액을 사용할 수 있는 주택담보대출의 방법입니다.

역모기지론은 원금이나 이자를 갚을 필요가 없습니다. 대신 축적된 이자비용과 원금은 집을 매도 시에 처리하게 됩니다

일반적인 모기지론에 비해 역모기지론의
이자율은 높은 편입니다.

역모기지론을 활용한다면, 필연적으로 자녀들에게 물려줄 유산을 다 사용할 수밖에 없습니다. 하지만, 요즈음에는 자녀들이 유산에 대한 기대나 필요성이 많지 않아서 부모들도 상대적으로 이에 대한 부담이 줄어드는 편입니다.
대안으로, 당신이 (본인에게서 돈을 빌리는 형태로) 자녀를 상속인으

로 지정할 수 있습니다. 이를 통해 당신은 이자비용을 낮추고, 돈을 빌려준 형태가 되기 때문에 자녀들로 하여금 상환하게 하거나 이자비용만큼 다른 곳에 투자할 수 있도록 할 수 있습니다.

하지만, 상속인이 많고, 특히나 그들이 돈을 모두 갚을 수 없다면 이 방법은 더 안 좋을 수도 있습니다. 일부가 돈을 갚아나가지 못해 도움이 필요하다면, 모든 상속인들에게 자산을 다시 재분배하는 협정을 통하여 대출자금을 마련한 사람들이 불이익을 받지 않도록 해야 합니다.

저는 은퇴한 고객의 역모기지론 준비를 도왔으며, 이를 이용하여 그들은 삶의 질을 증대시켰습니다. 수십 년 전에 영국으로부터 이민을 왔던 80대 부부는 고향을 방문할 돈이 없었으나, 대출을 통해 고향으로 돌아가 처음으로 증손주를 볼 수 있었으며, 이민 후 처음으로 친척들을 볼 수 있었습니다.

또한, 주택담보대출을 이용하여 살고 있는 집의 수준을 높일 수 있습니다. 제가 상담했던 한 부부는 담보대출을 활용하여, 살던 집과 비교하여 유지보수비가 들지 않는 꿈꾸던 은퇴주택을 구입하였습니다. 이러한 차이가 그들을 행복하게 만들었습니다.

자산을 형성하는 전략

지금까지 자산을 형성하는 몇 가지 방법을 소개했는데, 한번 정리해 보겠습니다.

많은 투자자들을 위해, 아래 순서대로 하시길 권유합니다.

1. 충분한 수입이 있다면 공적연금, 퇴직연금 등에 가입하세요.
2. 신용카드 등의 단기부채부터 갚아나가세요.
3. 비상예비자금을 확보하세요.
4. 최초주택을 구입하고 살거나, 살아본 뒤에 임대합니다
5. 모기지 등의 장기부채를 상환합니다.
6. 중기목적자금과 장기목적자금은 투자자금과 적절한 대출을 통해 축적합니다.

돈에 관하여 다른 성향을 지녔다면 이 순서가 좀 바뀔 수 있습니다. 몇 가지 항목을 통해 좀 더 쉽게 접근해 보겠습니다.

축적가

축적가라면, 안정성과 가치를 지키는 것을 최우선으로 할 것입니다. 아마, 연금 가입을 최우선적으로 했을지도 모릅니다. 갚을 수 있을 만큼의 부채를 지며, 이것도 되도록 빨리 갚으려고 할 것입니다. 비상예비자금은 이미 마련 되어있을 것입니다.

가장 큰 도전이 중기자금/장기자금에 대한 투자일 것입니다. 안정성을 항상 의식하고 있기 때문에 작은 수익이라도 편안하게 느낄 겁니다. 하지만, 장기적으로 저축과 투자에서 발생하는 수익이 세금이나 물가상승률을 따라가지 못합니다. 높은 수익을 올릴 수 있는 투자라 하더라도 위

험을 두려워하기 때문에 피할 것입니다. 일생 동안 자산을 축적할 수는 있겠지만, 손실에 대해 두려워하지 않는다면 좀 더 큰 자산을 만들 수 있을 것입니다.

　- 약간의 위험을 수용하세요. 재산 중 20%정도라도 위험 자산에 투자한다면, 잠재적으로 높은 수익을 얻을 수 있는 기회가 있습니다.

　- 당신이 신뢰할 수 있는 전문가를 통해 투자자산을 리서치하고 다양화하여 위험을 최소화하세요.

　- 위험감내수준을 현저하게 뛰어넘는 투자방법이라면 실행하지 마세요. 기업가 성향과는 달리 자산의 손실을 배움의 기회라는 생각보다 재앙으로 여길 것이기 때문입니다.

　- 기대수익을 높게 잡으세요. 스스로 생각했던 것, 꿈꾸었던 것보다 더 많은 수익을 올릴 수 있습니다. 높게 보세요. 부를 축적할 뿐만 아니라 누릴 수 있습니다. 부자가 되는 것에 죄책감이나, 투자하면 모든 것을 잃어버릴지 모른다는 두려움을 갖지 마시기 바랍니다.

획득가

당신이 획득가라면, 공적연금에 가입했을 것입니다. 하지만, 감당할 수 있는 것보다 더 많은 부채를 지고 있기에 하루 벌어 하루 먹고 살 지도 모르겠네요. 소비하기 전 저축하기 보다 저축하기 전에 소비합니다.

앞부분에서 언급했던 방법을 이행하면서 소비를 줄이고 소득을 늘리고자 한다면, 첫 번째로 비상예비자금을 확보하고 이어 부채를 최대한 빨리 상환해야 합니다.

- 소비하기 전에 저축하는 습관을 먼저 들이세요.
- 삶에서 정말 중요한 것이 무엇인지 결정하고, 목표를 명확히 하세요.
- 공적연금에 가입하세요.
- 비상예비자금을 확보하세요.
- 현재부터, 은퇴를 원하는 나이까지 얼마를 모아야 하는지 계산하세요. 또 점차적으로 업무량을 줄이면서 대출금을 갚고 은퇴 후 목표를 생각하세요. 대출이 감당할 수 있을 정도라 생각되면 주택담보 대출상환에 집중하세요. 은퇴하기 이전에 상환이 완료되어야 합니다. 그 다음 은퇴자금을 모으세요. 하지만, 안전한 방법은 둘 다 같이 실행하는 겁니다.
- 투자처를 다양화하여 총 위험을 줄이세요.
- 집의 자산가치를 활용, 투자나 사업을 할 수 있는 방법을 구상하세요. 바꿔 말하면, 좀 더 기업가 성향을 발휘해 보세요.

기업가

기업가라면, 불확실성을 즐길 것입니다. 보통 사람들보다 나아지길 바라며 그들보다 많은 것을 얻길 바랄 것입니다. 본인의 자산만 사용하여 투자하는 것과 달리 이용할 수 있는 부분을 모두 활용할 것입니다. 스스로 투자 결정을 잘 할 수 있다고 믿으며, 알려져 있는 방법과 경험을 이용하지 않으려 합니다. 실패를 통해 성공할 수 있고, 경험을 통해 배울 수 있다고 기대합니다. 돈을 잃어도 다시 얻을 수 있다고 믿습니다.

　– 이미 알려진 위험은 회피하세요. 직감에 의존하지 말고 조사하세요.

　– 목표 달성에 도움을 줄 수 있는 경험과 지식이 풍부한 전문가와 팀을 이루세요. 당신은 각 분야에서 최고의 전문가들을 충분히 선별할 수 있습니다.

　– 당신이 가진 모든 것에 요행을 바라지 마세요. 부를 만들고 싶다면 일부는 위험 정도가 낮은 안전한 자산에 투자하세요. 위험하지 않게 장기목표를 달성할 수 있습니다.

　– 돈을 빌려 투자하되, 대출 한도를 정하세요. 레버리지 포트폴리오는 이자율의 증가, 수익률 하락 등의 경제환경의 변화를 감당할 수 있어야 합니다.

　– 큰 투자위험을 동반할 정도의 불가능한 목표는 세우지 마세요. 감정적인, 당신의 판단이 아닌 실제적, 객관적인 자료를 바탕으로 판단하세요.

모험가

모든 성향을 통틀어서 자산을 형성하기가 가장 어렵습니다. 어떤 것이든 취약한 상태에서 시작하며, 부채가 많습니다. 현재에 몰두한 나머지 공적연금에 가입하기 어려울 지도 모릅니다. 극단적으로, 부채가 너무 많아서 현재의 수입으로는 충분히 상환하지 못할 수도 있습니다. 점점 '부채의 덫'에 빠져들고 있겠지요. 자산을 형성하려면 더 이상의 부채를 늘리는 것을 중단하고, 추가로 부채상환에 사용할 돈을 만들어야 합니다. 만약 이 단계가 아니라면 이전 장부터 다시 읽으세요!

- 작은 것부터 시작하세요. 단기적으로 가능한 목표부터 시작하세요. 하나를 달성하면 다른 단기목표를 설정하세요.
- 첫 번째 목표는 단기부채를 없애는 것입니다. 매일 지불할 양을 결정하세요. 가장 이자율이 높은 부채부터 상환하세요.
- 소비하기 전에 저축부터 하는 습관을 들이세요.
- 삶에서 정말 중요한 것이 무엇인지 결정하고, 목표를 명확하게 설정하세요.
- 비상예비자금을 확보하세요.
- 가능한 빨리 공적 연금에 가입하세요.
- 거주 또는 임대목적의 주택구입 목표를 세우세요. 은퇴하거나 노동량을 줄이기를 원하는 시기까지 주택담보대출을 상환할 수 없다면, 잔여 주택지분에 대한 담보대출을 고려하세요.

종자돈 지키기

꾸준한 저축을 통해서 돈이 모였다 할 지라도, 이 돈을 지키지 못한다면 곤경에 빠질 것입니다.

일단 형성된 자산을 지키는 것은 필수적입니다. 실직, 중대한 질병, 사람 사이의 관계악화 등 우리는 살아가면서 몇 차례의 불행한 일을 겪습니다. 예상치 못했던 사건들은 지출을 유발하기도 합니다. 이 때, 부채가 많다면 불행해질 것이고, 저축한 자금이 있다면 일부 또는 전부를 쓰게 됩니다.

위험 관리는 종종 자산형성에 비해 간과되기도 하는데, 형성된 자산을 지킬 수 없다면 잃어버리게 됩니다. 사는 동안 불과 몇 분 사이에도 비는 왔다 갔다 하며, 미처 대비하지 않았다면 이 동안 재산 또한 줄어들 수 있습니다.

모험가와 기업가 타입은 위험관리를 간과하는
불필요한 도박성 행동을 하기도 합니다.

재산을 지키는 중요한 방법입니다.

- 비상예비자금을 만들거나, 신용부채(마이너스통장)를 활용하세요. 3~6개월의 생활자금으로 활용할 수 있습니다.
- 보장성 보험을 점검하세요. 재산이 늘어나는 것은 재정적 위험도 증가한다는 이야기입니다.
- 가족 신탁, 변호사를 통한 공증 등의 방법으로 직계가족에게 상속 가능하도록 부동산에 대한 계획을 세우세요.

비상예비자금

첫 번째 단계는 비상예비자금을 준비하거나 신용부채를 이용할 수 있도록 준비하는 것입니다. 이들은 당신이 일상 생활로 복귀할 수 있는 충분한 시간을 벌어줄 것입니다. 가장 중요한 것은 3~6개월 치의 생활자금을 만들어 놓아야 한다는 것입니다.

보험

위험 관리를 하려면 본인이 어떠한 위험에 당면해 있는지 알아야 합니다. 보통, 자산이 줄어드는 경우라면

- 가족구성원의 조기 사망
- 질병, 재해 등으로 인한 수입감소

등을 꼽을 수 있습니다.
스스로의 가치만큼 돈을 지불하세요. 먼저,

- 자신의 조기 사망
- 가족의 중대한 질병
- 질병 또는 재해로 인해 정상적으로 일하려면 많은 시간이 필요함.

등이 일어난다면, 얼마나 돈이 필요할까를 고민하세요.

예를 들어, 당신이 조기 사망한다면, 아마 배우자에겐 본인 소유의 담보대출이 없는 집과 개인 부채가 없길 바랄 것입니다. 그리고 자녀들이

학교를 졸업할 때까지 매 주 일정 부분의 급여가 들어오길 희망할 것입니다. 그 비용이 어느 정도입니까?

매 위험에 대비하여 돈을 마련하기 보다, 보험을 고려하세요. 물론, 보험은 비용입니다. 모든 위험에 대비하여 보험을 준비한다면 이상적이긴 하겠지만, 그만큼 큰 비용이 들어간다는 것을 유념하시기 바랍니다.

납부할 수 있는 보험료의 한계를 정하고, 가장 중요한 부분부터 위험에 대비하여야 합니다.

또, '자가 보험' 을 생각할 수도 있습니다. 이는 본인 스스로 모든 위험 비용을 감수한다는 뜻입니다. 예를 들어 수술비용을 미리 마련하여 저축해 놓는 것입니다. 하지만 그렇다 하더라도 당신의 주치의에게 들어가는 비용까지 모두 준비할 수는 없을 것입니다.

수입보장특약은 '일반적인' 보험에 비해 보험료가 저렴합니다. 이는, 수입이 필요할 때 까지만 보험을 가져가는 것으로, 비용대비 상품경쟁력이 뛰어납니다.

가입 거절과 비용 상승

보험 가입 시 직면하는 가장 큰 관심사는 과대 체중, 집안 병력 등의 높은 위험이 고려되어 보장 받지 못하는 특약이 발생하거나 보험료가 높아지는 것입니다.

너무 늦은 나이까지 보험 가입을 미루지 마세요. 나이를 먹으면 먹을수록 가입이 힘들거나, 보험료가 상승합니다.

만약 본인이 이 상황이라면 비슷한 다른 보험회사에 문의해 보세요. 각 회사별로 가입 정책이 상이하며, 일부 보험회사는 보험가입심사가 타회사에 비해 너그럽습니다.

주기적인 보험 점검

저는 고객들에게 적어도 1년에 한 번씩 본인이 갖고 있는 보험을 점검하여 다시 보내드립니다. 만약, 부채의 증가, 자녀의 출산, 새로운 사업의 시작 등 상황이 바뀌었다면 꼭 보장내역을 점검해 봐야 합니다.

'나에겐 일어나지 않아' 라는 신화적인 믿음

가장 좋지 못한 실수 중 하나가 '나에겐 나쁜 일이 일어나지 않을 거야?' 라는 근거 없는 자신감입니다. 절대로 바라지 않지만, 항상 일어나는 실수입니다.

제 동료 중 한 사람이 어린 자녀 두 명이 있으며 대출을 받아 그들의 첫 번째 집을 구매한 젊은 부부를 상담하게 되었습니다. 그녀는 부부에게 생명보험을 가입하도록 권유했지만, 그들은 항상 거절했습니다. 몇 주 뒤, 갑자기 남편이 뇌동맥류 이상으로 사망하게 되었고, 집을 지키려면 아내가 혼자 대출을 감당할 수 밖에 없는 상황이 되었습니다. 만약에 그가 자녀와 배우자를 위해서 부채를 상환할 수 있는 자금과 줄어든 소득을 대신할 수 있는 자금 그리고 자녀를 양육할 자금을 지원할 수 있는 보험에 가입했더라면 지금과 상황이 얼마나 다를 지를 상상하게 됩니다.

또 다른 예로, 다른 동료가 40대 고객에게 생명보험을 권유했지만, 소용없었습니다. 믿거나 말거나 지만, 그 날 길을 건너는 도중 차에 치여 숨졌습니다. 특히 보험 중도 해지자 들에게 비슷한 이야기는 많이 있습니다.

이와는 다르게, 보험을 활용한 좋은 예도 있습니다. 끔찍한 사고로 사망한 사장의 미망인인 제 고객 중 한 명은 보험으로 제대로 된 보장을 받아, 가족들이 문제 없이 살아가고 있습니다.

본인이 유방암을 앓고 있다는 것을 알게 된 다른 고객도, 보장금액으로 특별한 치료를 받을 수 있었고, 완치되었습니다. 또한 소득보상보험(수입보장특약) 상품을 가지고 있었기에 원래의 일자리로 돌아갈 수 있었고, 그녀의 생활 에너지도 늘어났습니다.

만약 수입이 일시적으로 없어지면 생활 유지를 위한
충분한 수단이 있나요?

대 질병인 암, 심장질환, 뇌 질환 등은 누구에게나 올 수 있습니다. 당신 또는 집안 사람들 중에 가족력이 있나요? 병에 걸렸을 때 당신을 돌봐줄 사람은 있는지요? 만약 당신이 사망한다면 식구들은 현재의 생활을 유지할 수 있습니까?

부동산 계획

많은 사람들이 부동산에 대해 유언장, 부동산 증여 등 아무런 계획을 가지고 있지 않다는 것을 접하면 항상 놀라게 됩니다. 이들 중에는 교육 수준이 높거나, 돈을 충분히 가지고 있는 사람들도 포함되어 있습니다.

유언

자산을 소유하고 있다면, 유언을 남겨야 합니다. 유언을 남기지 않은 채 사망한다면, 유산을 지키기 위해 가족들은 많은 비용을 지불해야 하고, 실제로 이를 취득하기까지 많은 시간이 걸립니다. 이를 원하는 것은 아닐 것입니다. 스스로 미리 작성해야 합니다. 온라인으로 자유롭게 작성 가능하지만, 특히나 상속인이 여러 명이거나 복잡한 요소들이 많은 경우 변호사에 의뢰하거나 공증을 받을 수 있는 형태를 통해 작성하는 것이 더 좋습니다. 유언이 없다면, 법에 의해 처리됩니다.

유언 신탁

유언은 미리 신탁을 통한 설정이 가능합니다. 신탁은 당신의 사후, 유산과 그를 통해 생기는 이익들, 그리고 어떻게 쓰일 지에 대한 여부를 미리 설정하는 것으로 재산을 보호하기 위해 유용한 방법입니다. 또, 후에 당신과 배우자는 신탁을 반반씩 설정하여 혹시라도 먼저 세상을 떠나는 경우, 남은 사람과 다음 세대를 위해 설정할 수도 있습니다.

가족 신탁

신탁은 재산을 지키고 관리하는 방법 중 일반적으로 많이 쓰입니다. 재산을 신탁으로 묶어 혹시나 있을지도 모르는 분쟁을 예방할 수 있습니다. 또한 세금적인 측면에서도 이익입니다

변호사의 도움을 받아 신탁증서를 만들고, 여기에 재산 범위를 어디까지 할 지를 결정하세요. 관리인을 설정, 신탁 재산과 증서를 맡기세요. 관리인에게는 신탁 재산을 유지할 수 있도록 수수료를 지불해야 합니다. 당신은 양도인으로서 신탁 관리인에게 재산 중 일부를 줄 수도 있습니다. 하지만, 일반적으로 양도인이나 재산 수익자가 아닌 독립적으로 일하는 사람이 관리인으로 설정됩니다.

유언장의 힘

유언장은 어떠한 이유로든 당신 스스로 상속에 관련된 문제를 해결할 수 없을 때, 관계인 또는 신탁회사로 하여금 원래의 뜻대로 유지될 수 있고, 이를 증명하는 법적인 힘을 갖고 있습니다. 많은 사람들이 본인의 가족은 본인 사후에 잘 처리할 수 있을 것이라 생각하지만, 사실 그렇지 못합니다. 가정법원이 이를 대신해 주는데 여기에는 시간과 비용이 소요됩니다.

유언장은 본인이 살아있을 때에만 적용할 수 있습니다. 아프거나, 사고가 생겼거나, 이성적인 판단을 하지 못할 때, 해외에 있는 등등 당신의 모든 부재 시 재산에 관련된 결정을 대신합니다.

유언장의 효력은 매우 유연성이 있습니다. 본인이 원하는 시점에서 발효시킬 수 있는데

　- 지금부터, 또는 미래의 어느 시점부터 가능하도록 할 수 있으며
　- 일부, 또는 전체 자산을 관리하도록 할 수 있습니다.
　- 이성적으로 판단력이 남아있는 시기라면 언제라도 내용을 변경하거나 취소할 수 있으며
　- 두 명 또는 그 이상, 신탁회사 등을 동시에 지정하여 유언을 집행하도록 할 수 있습니다.

누구라도 유언장을 따라야 합니다. 미래에 도움이 필요하다고 생각되

는 시점을 설정하면, 당신의 자산과 개인복지는 당신이 지정한 믿을 만한 사람에 의해서 관리 됩니다.

유언장에는 크게 두 가지 이야기가 담깁니다. 하나는 재산의 위임과 관련된 것이고 다른 하나는 간병과 복지에 대한 내용입니다. 관리인이나 신탁회사를 통해 당신이 남긴 재산을 어떻게 사용하게끔 했는지(세금 환급, 사업, 연금, 집과 나머지 재산에 대한 처분 여부, 장례 등등)에 대해 밝힙니다.

다른 하나는 주거시설의 결정, 의류 및 개인적인 물품 구매, 당신의 의학적 결정 등을 대리할 다른 사람을 지정하는 것입니다. 이 부분은 당신이 의사결정을 스스로 할 수 있는 정신적인 능력이 있을 때에만 유효합니다.

일반적인 판결과 유언장의 가장 큰 차이로 상속자가 유언장에 언급하지 않았다면, 일반적인 경우라면 법적으로 아무런 혜택을 받지 못합니다. 하지만, 법률적으로 유언장에 이름을 빠뜨렸다 하더라도 상속법에 따라 상속인의 지위가 결정됩니다. 하지만, 이는 잠재적인 문제점을 내포하고 있습니다. 예를 들어 유언장에 배우자를 언급한 뒤 나중에 이혼한 상태로 사망한다면, 비록 전처라 할 지라도 유언장에 따라 유증을 받게 됩니다.

유사하게, 이는 당신에게도 적용될 수 있습니다. 당신이 일상적인 생활을 할 수 없게 되면 상속 관리인이 당신보다 유리해집니다. 여기에 돈 문제까지 함께 묶인다면 당신이 남기려는 재산이 감쪽같이 관리인에게 로 넘어갈 수 있습니다. 그렇기에 신탁 관리인은 신중하게 선정해야 합 니다. 친구든, 친척이든, 신탁 회사든 일부 사람들에게 유산에 대해 암암 리에 알려야 합니다.

마지막으로, 유언장은 법적 효력이 있기 때문에 서명하기 전 법적으로 자문을 받아야 합니다.

재산관계가 의심된다면 언제라도 법적 자문을 구하세요.

자산을 지키는 전략

위험을 안고 가려는 기업가나 모험가 타입이라면 위험노출을 최소화 하고 자산을 지키려는 특별한 전략이 필요합니다. 선천적으로 위험을 피 하고자 하는 축적가와 획득가 타입도 전략이 필요하지만, 이는 그들이 안정적이라고 생각하는 것을 벗어나 자산을 형성하기 위한 참여와 확신 을 얻기 위해서 입니다.

축적가

당신은 손해를 싫어하기 때문에 보장성 보험은 잘 되어 있을 것입니 다. 과도하게 비용이 지출되는 것은 없는지, 빚이 언제 청산되는지, 아이 들이 언제 독립하는지 항상 유념하세요. 유언장을 작성할 때 다음 세대 를 위해 가족신탁재산으로 설정해야 하는 자금이 얼마나 되는지를 확인하세요. 축적가라면 상당량의 재산을 안전하게 남기고 싶어할 것입니다.

- 더 이상 필요하지 않은 오래 된 보험을 줄이거나, 축소하는 것을 너무 두려워하지 마세요.
- 가족신탁을 통해 다음 세대에게 재산을 이전하는 것을 고려하세요.
- 유언장의 항속성 부분을 잊지 마세요.

획득가

성취욕이 뛰어나며, 소득을 올릴 수 있는 방법을 항상 찾습니다. 이와 같은 이유로 같은 연령대에서 남들 보다 소득이 많기도 합니다. 하지만, 소득이 증가할 수록 외부 활동도 많아집니다. 하루 벌어 하루 먹고 살기도 하고, 갑자기 소득이 끊긴다면 어려움을 겪기도 합니다. 만약 일하지 못한다면 어떻게 해야 할 지를 미리 생각해 보아야 합니다.

- 수입을 지킬 수 있는 방법을 찾아보세요.
- 혹시라도 있을 지 모르는 지출과 질병 등을 대비하여 비상예비자금을 만드세요.
- 최근 상황에 맞게 유언장을 만드세요.
- 부동산으로 재산을 축적하고 있다면 가족신탁을 고려하세요.

기업가

돈 버는 것에 바쁜 나머지 유언장 등에 대해서는 소홀할 수 있습니다.

위험을 감수하는 편이지만 만약 노출된다면 상당량의 자산이 감소할 수 있으며, 계획에 차질이 생길 수 있습니다.

   - 합법적인 수단을 이용하여 법인과 신탁으로부터 개인 자산을 분리하여 사업이 실패할 경우 또는 채권자로부터 개인자산을 보호하세요.

   - 당신은 사업과 가족에서 가장 중요한 사람입니다. 생명보험을 이용하여 당신의 사후에도 가족이나 사업에 어려움이 없도록 하세요.

   - 최근 상황에 맞게끔 유언장을 만드세요.

보험가

   빚 청산 등으로 들어오는 돈보다 나가는 돈이 많다면, 보험료를 지불할 돈이 없을지도 모릅니다. 위험수용자로서 보험을 가입하는 것에 매력을 느끼지 못할 수도 있습니다. 당신 주변의 비슷한 연령대에 그 동안 별 문제가 없었기에 더 그럴지도 모릅니다. 하지만, 나이가 먹은 뒤에 보험을 가입하려 한다면, 이미 건강에 문제가 있어서 보험료가 높아질 수 있으며 가입이 거절될 수도 있습니다.

   - 기본적인 보장내역이 있는 보험을 가입, 혹시라도 있을지 모르는 재정 압박에 대비하세요.

   - 예상치 못한 지출과 치명적인 질병 등을 대비하여 비상예비자금을 만드세요.

   - 유언장을 만들지 않았다면, 지금 당장 준비하세요.

STEP 5

자산을 형성하기 위한 계획을 기록하세요

축하합니다. 드디어 여기까지 오셨군요. 이 책에 나와 있는 대로 차근차근 밟아왔다면, 아마 몇 가지 목표는 이미 달성했을 것이고, 몇 가지 돈에 대한 스스로의 규칙도 만들었을 것입니다. 이제는 돈을 아끼고, 자동적으로 저축이 되는 전략을 세워야 할 때입니다. 재산을 모으기 위한 투자 방법과 자산을 잃지 않는 방법도 이미 세워놓았을 것입니다..

이제는 당신의 목표와 방법을 기록하여 다른 사람들과 공유할 때입니다. 가족, 사업상의 친구들과 신탁관리인들과 함께하세요.

계획과 돈 기질

축적가

당신의 계획은 선천적으로 보수적이며, 크게 바뀌지 않습니다. 기록도 쉽게 생각할 것입니다. 첫 번째 도전과제는 당신의 목표를 좀 더 크게 잡는 것입니다. 항상 본인을 동일한 연령대라고 생각지 마세요. (두 번째 목표는 실제로 계획대로 진행하는 것입니다. 축적가들은 때때로 계획의 신뢰성에 의문을 제기하며, 계획대로 왜 하지 못하는지 변명을 만들어 놓기도 합니다)

획득가

획득가는 보통 계획을 잘 세웁니다. 목표를 정하고, 어떻게 가야 하는지 정확히 아는 편입니다. 하지만, 계획을 본인만 알고 있을 뿐입니다. 서면화하여 주변 사람들과 공유하고, 어떻게 효율적으로 달성할 수 있을지 상의해 보세요.

기업가

원하는 것을 얻으려면 어떻게 해야 하는지 명확하게 알고 있습니다. 하지만, 세부적인 것들을 어떻게 해야 하는지에 대해서는 부족한 면이 있습니다. 너무 많은 아이디어들로 그 중 어떤 것에 집중해야 하는지 헷갈릴 때도 있습니다. 중대한 계획을 세분화하여 작은 것부터 하나하나

이루어 나간다면 될 것입니다. 이렇게 세부적인 단계를 밟아 접근하지 않는다면 금방 산만해지고, 다음 단계로 건너뛸 것입니다.

모험가

순리보다는 충동을 따르고, 계획을 세우고 그대로 실행하기 힘들어합니다. 가장 좋은 방법은 축적가나 획득가처럼 행동하는 것입니다. 주변의 도움을 받아 목표를 세워 기록하고 여기에 따르세요.

어떻게 계획을 작성하나요?

계획 작성을 통해 당신이 생각하는 것을 좀 더 명확하게 하고, 진행 과정을 점검하며, 당신을 도울 수 있는 사람들과 정보를 공유하세요.

필수적으로

1. 시간적 한계(언제까지 ~~을 하겠다)를 두고 목표를 정하세요.
2. 각각의 단계를 달성하기 위해서 필요한 요소들을 기록하고 명료화하세요.

저는 이런 것들을 적게끔 제안합니다.

– 원리원칙

- 목표

- 제한 요인

- 기회

- 전략

1) 생활환경을 바꾸지 않으면서 비용을 줄이는 것

2) 추가 노력 없이 순소득을 증가시키는 것

3) 기술력을 동원하여 자동적으로 재산이 늘어나게끔 할 것

4) 자산을 증식하는 것

5) 종자돈을 지키는 것

- 지원사항

- 당장 해야 할 것들

목표와 전략을 문서로 작성하면 그렇지 않을 때보다
성취도가 더 높습니다.

원리원칙

계획은 당신의 원리원칙의 정의로부터 시작합니다. 예를 들면

- 안정성

- 행복

- 평화로운 마음

- 재미와 모험

- 가족과 친구를 뒷받침하는 것

– 다른 사람들과 차별화된 나만의 삶

목표

이미 서술했다시피, 목표는 크게 3가지 타입이 있습니다.

– 필수 목표 – 비상예비자금
– 일하는 기간 동안의 목표
– 은퇴목표

각각의 목표를 기간구조에 따라서 구체적으로 세울수록, 목표를 달성하려면 얼마만큼의 돈이 필요한지 알 수 있게 됩니다.

시작과 끝

자산을 모으는 데 있어 가장 큰 적은 미루는 버릇입니다. 특히, 기업가나 모험가 타입에 비해 충동적이지 못한 축적가와 획득가 타입은 여기에 더 영향을 받습니다.

미루지 않으려면, 계획 단계별 시작과 끝을 분명히 하세요. 시간은 계속 흘러갑니다. 기한이 없다면 동기와 의지는 자연스럽게 약해집니다.

제한요인

필연적으로, 위험과 약점은 존재할 수 밖에 없습니다. 또한 불필요한 사건들이 생기기도 합니다. 건강문제일 수도 있고, 어떤 부분에서는 지식적인 한계일 수도 있습니다. 그렇다고 포기하진 마세요.

목표 달성을 지연시키는 모든 요인을 최소화해야 합니다. 진보된 전략이 있을수록 문제 해결은 쉬워집니다. 당신이 자영업자라면 제한요인은 매달, 매년의 수입이 고정적이지 못하다는 것입니다. 이 같은 문제는 현금 유동성을 통해 줄일 수 있습니다. 또한, 문제를 기회로 삼을 수도 있습니다. 정리 해고에 직면한 상태라면 소득을 대체할 다른 방법을 찾을 수도 있으며, 또는 다른 직업을 찾으면 됩니다.

기회

기회는 당신의 목표를 달성하는 데 도움을 줄 수 있습니다. 친척이나 친구들 중에서 부동산 자산에 대한 지식이 풍부하거나, 안전자산에 대해 조언해 줄 수 있는 친구가 있다면 당신의 집을 빌려주거나, 사용하지 않는 부동산 중 일부를 이용할 수 있게 해 주세요. 새로운 수익 모델을 제안할 지도 모릅니다.

브레인스토밍을 하세요. 열린 마음으로 들으세요. 위험을 회피하려는 축적가나 획득가 타입이라면 사업을 진행하지 않으려고 수십 가지의 이유를 찾을 지도 모릅니다. 당신의 생각은 눈가림에 불과할 수도 있습니다. 실제로는 존재하지 않는 제한과 제약을 만들어 내는 것인지도 모르겠습니다.

당신이 보지 못했던 기회를 가져다 주는 주위 환경을 잘 이용하세요.

전략

목표를 정했다면, 이제는 어떻게 해야 달성할 수 있을지를 계획해야 합니다. 자산을 형성하기 위해서 어떻게 해야 하는지, 5가지 단계를 지났음을 상기하세요. 목표를 달성하기 위한 많은 방법이 있을 것입니다. 본인의 원칙과 기회, 한계에 맞는 방법을 골라 적용하세요.

전략을 세웠다면, 24시간 안에 어떤 것을 진행할지 작성하세요. 은행에 전화하여 자산을 분배하는 것, 재무상담사와 약속을 잡는 것, 보장자산에 대해 살펴보는 것 등등 기초적인 것부터 시작하세요.

목적

잘 작성된 목적은 당신의 꿈을 현실화시켜 줄 수 있는 일종의 기준석이 됩니다. 이는 어렵지 않다고 느끼는 달성 가능한 작은 목표로 전략을 전환시켜 줍니다. 기록으로 남기는 경우 제대로 진행하고 있는지 여부를 판단하는 기준이 됩니다.

효과적으로 작성하려면 이런 부분들이 포함되어야 합니다.

- 구체적으로, 계산 가능하고 성취할 수 있도록
- 시간은 언제까지?
- 할 수 있는 방법은?
- 매일 평가 가능하도록
- 본인의 원칙이 일관되도록

– 최소한 매 년마다 정기적으로 점검하게끔

조력자를 만드세요!!

성공하기 위한 기회는 전문가나 다른 이들로부터 강하게 영향을 받습니다. 회사를 만들고자 한다면 변호사나 회계사로부터 도움을 받아야 합니다. 사업 멘토가 필요합니다. 투자자들의 모임이나 상업 지역 임원들의 모임에도 참석하는 것이 좋습니다.

문제를 해결하는 데 도움을 줄 수 있는 저명인사를 만나는 것도 유용합니다. 이러한 사람들은 신중하게 선택하세요.

STEP 6

행동하세요.

___

계획이 세워졌다면, 이젠 행동할 차례입니다.

가장 큰 장애물은 첫 번째 단계입니다. 책 처음 단락을 읽는 것이나, 건물을 세울 때 첫 삽을 뜨는 것이 다를 게 없지요. 첫 단계를 진행하면 본인의 길을 가고 있으며, 스스로 할 수 있다는 믿음이 생기게 됩니다.

첫 시작이 성대할 필요는 없습니다. 작은 시작이 행동하기 쉽고 성취하기 쉬울 것입니다. 조금씩 나아가면서 성공에 대한 보상을 적절히 챙긴다면 좀 더 크고 중요한 일을 할 수 있을 것입니다.

많은 이들이 큰 꿈을 갖지만 행동하진 않습니다. 또 다른 사람들은 행동만 하고 계획하진 않습니다. 계획 없는 그들의 노력은 단순한 몸부림과 실패를 가져올 수 있습니다.

성공 = 계획 + 실천

매일 조금씩 시도하고 행동하면 목표에 가까워질 수 있습니다. 기억하세요. '행동하는 만큼 얻을 수 있습니다.'

어떻게 성공의 기회를 늘릴 수 있나요?

계획을 실천에 옮기는 것은 글로 작성하는 것보다 훨씬 더 어렵습니다. 하지만 몇 가지 방법을 통해 좀 더 쉽게 성공할 수 있습니다. 여기서, 스스로 모든 것을 다 하려는 것, 한꺼번에 너무 많은 것을 단시간에 하려는 것 등은 큰 실수입니다. 이와 같은 문제를 해결하는 몇 가지 단순한 방법을 소개합니다.

계획을 공유하세요.

동업자, 친구, 가족이나 조언가 모두 될 수 있습니다. 계획을 많이 이야기할 수록 좀 더 집중하게 되고, 좀 더 이루고자 하는 마음이 커집니다. 이들에게 당신이 얼만큼 진행되고 있는지 규칙적으로 묻게끔 하세요. 스스로 동기화될 것입니다. 그(그녀)는 또 당신의 목표에서 일관성이 떨어진다면 이를 지적할 것입니다. 모험가 성향이라면 덜 충동적으로 행동하게끔 친구들로부터 도움을 받을 수 있습니다.

자신감이 떨어진다면, 전문가에게 도움을 요청하세요.

아무리 똑똑하다 하더라도, 항상 배워야 합니다. 아마 대가를 지불해야 한다 하더라도 이것이 앞으로 낭비될 것보다 적을 것입니다. 돈을 어떻게 사용해야 하는지 배우세요. 전문가의 조언이 축적가와 획득가에게 새로운 재산축적 방법을 시도할 수 있는 자신감을 갖게 할 것입니다.

혜택에 집중하세요.

행동을 바꾸려면 동기가 확실해야 합니다. 동기부여가 떨어지고 있음을 느낀다면, 당신이 얻을 이로운 점에 대해 생각해 보세요. 그리고 다시 집중하세요. 집중력을 유지하는 것은 자산형성에 대한 동기부여가 부족한 축적가와 모험가에게는 중요한 도전과제입니다.

한꺼번에 많은 것들을 동시에 진행하려 하지 마세요.

작은 것이 모여 큰 것이 됩니다. 은행 계좌와 자산관리시스템을 설정하는 것이 좋은 출발 습관입니다. 기본적인 것부터 시작하여 하나하나 진행한다면 더 큰 발전이 있을 것입니다. 자산을 형성하기 위한 백 만불짜리 아이디어를 갖고 있는 기업가라면, 하나 또는 두 개의 핵심부문에 집중하여 일이 성공적으로 진행될 수 있도록 하세요.

정기적으로 얼마만큼 일이 진행되었는지 체크하세요.

- 일주일에 몇 번씩 은행 잔고를 체크하세요(온라인으로 쉽게 가능합니다)
- 분기별로 투자 종목을 모니터링 하세요.
- 적어도 일년에 한 번은 순소득이 얼마인지 확인하세요.

본인이 잘 하고 있다면, 스스로에게 상을 주세요.

본인을 위해 부담이 되지 않는 선에서 상을 주세요. 그리고 당신의 성공을 사람들과 나누세요. 달성을 축하하는 것은 부채 감소가 목표인 모험가 타입의 사람에게 꽤 유용한 동기부여 방법입니다.

지연

당연한 이야기지만, 모든 일이 뜻대로 되는 것은 아닙니다. 당신과 배우자 모두 우선순위와 전략을 수용하지 못할 수도 있고, 한 쪽은 받아들이지만 다른 쪽에서 그렇지 않을 수도 있습니다. 의사소통이 잘 되고 있지 않거나, 계획대로 실행되고 있지 못하다는 이야기일 것입니다. 어떤 경우든, 처음 시작했을 때로 돌아가서 계획한 대로 진행되는지 확인해 볼 필요가 있습니다.

때때로 처음 세웠던 계획대로가 아니라 이미 통제불능 상태일 수도 있습니다. 위험요인의 영향을 받아 원래대로 진행되지 않을 수 있습니다. 경제가 불황상태일 수도, 대출이율로 고통 받을 수도 있습니다.

이 같은 불리한 상황이라면, 놓친 부분이 어디인지 찾아야 합니다. 신문의 경제면을 살피세요. 시장 상황이 어떤지 주기적으로 확인하세요.

계획이 좋다 하더라도, 확고해야 합니다. 새로운 사람, 질병, 죽음, 인사변경, 개인적 가치와 태도의 변화 등등 주변 환경은 변합니다. 주위 환경이나 목표가 바뀔 경우, 최소한 일년에 한 번은 계획을 점검하세요.

계획대로 움직이지 않는다고 해서
두려워할 필요는 없습니다.

진행되지 않는 상황을 이해하고, 논리적, 이성적으로 판단하여 해결책을 찾으세요. 때로는, 그냥 기다리면서 어떤 일이 발생할지 두고 보는 것이 가장 좋은 전략일 수도 있습니다.

갑작스런 변화에 대처하기

때때로 기대했던 것보다 빠르게 상황이 바뀔 수 도 있습니다. 이럴 때 당황하곤 합니다.

배우자와의 사별

삶에서 가장 큰 비극 중의 하나입니다. 감정적인 충격을 극복하고 합리적인 결정을 할 수 있으려면   최소 1년 이상은 걸립니다.

세 가지를 기억하세요.

1. 중요한 재정문제나 삶의 방식에 대한 결정 등을 감정에 기대어 결정하지 마세요. 나중에 후회하는 일을 만들지 마세요.

2. 마음을 비우고 상황이 확실해질 때까지는 계획을 세우지 않는 것도 좋습니다.

3. 스스로를 믿으세요. 힘든 상황인 만큼 많은 사람들이 조언을 할 것입니다. 그들이 무엇을 말하는지 들을 필요는 있지만, 선별적으로 고려하고, 스스로 필요한 것이 무언지 명확해질 때까지 기다리세요.

재정상태를 스스로 관리할 수 있는 준비가 되었다면, 수입과 지출을 다시 한번 점검해 봐야 합니다. 배우자가 생명보험을 가입하고 있었다면 이를 통해 부채상환과 짧은 기간 동안의 소득은 얻을 수 있을 것입니다. 만약 그렇지 않다면 지금의 상황을 받아 들이고 재무상태를 재편성하여 삶이 지속될 수 있도록 해야 합니다. 소득은 지출보다 커야 합니다. 그렇지 않다면 점점 빚의 구렁텅이로 빠질 것입니다.

이혼

이혼 또한 사별만큼이나 큰 비극이지만, 좀 더 복잡합니다. 관계를 완전히 끊기란 힘들며, 재정 문제로 고통을 받을 수도 있습니다. 어느 한쪽 또는 양쪽 모두 재정 문제로 곤경에 처할 수도 있습니다. 재무적인 관점에서, 두 가지는 꼭 짚고 넘어가야 합니다.

- 공동재산의 분할
- 상대방에 대한 재정적 책임

빠르게 해결될 수록 좋습니다. 재정 문제로 계속 분쟁이 일어난다면 시간이 지날 수록 상당한 법적 비용이 발생하는 것은 물론이거니와, 잠재적인 가치 손실이 한쪽 또는 양쪽에서 발생할 수 있습니다. 사업 문제까지 포함된다면 재산 분할은 매우 복잡하고 광범위해 질 것입니다.

재산분할 문제를 해결했다면 이제는 새로운 소득과 자산에 맞는 예산을 세울 필요가 있습니다. 살던 집을 처분하는 문제는 매우 어렵습니다. 자녀들의 안전과 편의를 위해서 거주하던 곳에서 계속 산다 하더라도, 주택담보대출이 과다해서 재정적으로 부담이 된다면 최상의 선택이라고 할 수 없습니다.

유언장 갱신(업데이트)을 잊지 마세요.

현재의 상황이 유언장에 담겨있지는 않을 것입니다. 새로운 인연을 고려한다면, 미래의 관계에서 당신의 유산을 어떻게 지킬 것인지 생각해 보는 것이 현명합니다. 이후 관계가 틀어질 경우를 대비 하여 위탁이나 가족신탁을 통하여 재산이 줄어들지 않도록 조치를 취하세요. 재혼 이전에 전문가를 통해 조언을 구하세요. 재정적인 문제에 직면했을 때 해결책을 찾을 수 있을 것입니다.

횡재

우리 중 대부분은 살면서 거액의 상속, 복권 당첨 또는 사업에서의 성공 등 횡재의 꿈을 꿉니다.가끔 이뤄지기도 합니다. 하지만, 아이러니컬하게도 큰 돈을 제대로 관리하지 못한다면 이것 때문에 싸우고 고민하게 되지요. 많은 사람들은 돈의 액수가 많아질수록 잃어버릴까 두려워하여 보수적으로 접근합니다. 다른 이들은 기회라 생각하고 완벽한 삶의 목표를 이루고자 많은 지출을 하곤 합니다.

당신이 지닌 돈 기질에 따라, 이렇게 행동할 것입니다.

축적가 : 안전한 곳에 쌓아둔다
획득가 : 별장 구입, 세계일주 등을 위해 돈을 쓴다
기업가 : 투자를 하거나, 새로운 사업을 시작한다
모험가 : 단 시간 안에 모든 돈을 사용한다

배우자와의 사별 때와 마찬가지로, 세 가지를 기억하세요.

1. 재정적 결정이나 삶의 방식에 대한 선택을 감정적으로 하지 마세요.
2. 생각을 열어두세요. 많은 가능성이 있습니다.
3. 결정은 스스로 하지만, 도움이 되는 조언을 들으세요.

실직

실직은 어떤 이유에서든 끔찍한 일입니다. 특히나 장년기에는 더욱이

새로운 일자리를 찾기 어려울 것이기에 심리적 압박감이 심할 것입니다. 별장을 구입하기도 전에 이를 구입하기 위해 저축했던 대부분의 돈을 은퇴 자금으로 사용해야 할지도 모릅니다.

다른 직업을 구한다 할 지라도 수입은 줄어들 것입니다. 통계적으로 40대 후반~50대 초반 때가 가장 소득 수준이 높다고 합니다. 일하는 기간이 길 수록 소득 수준이 올라간다는 이야기는 진실이 아닌 게 되지요.

잠재적 실직에서 발생하는 위험을 줄이기 위해서는 항상 비상예비자금을 준비하고 있어야 하며, 은퇴자금은 일하는 동안 계속 모아야 합니다.

은퇴 10~15년 전에 은퇴 자금을 모으려 한다면,
이는 비현실적 계획입니다.

자녀의 출산

새 가정을 꾸리는 것은 축복입니다. 하지만, 경제적인 부담 또한 증가합니다. 맞벌이일 때 얼마만큼 사용하는지 모르고 있었다면, 갑자기 외벌이가 되었을 때 생활비가 얼마나 필요한 지 계산하는 것은 쉽지 않을지도 모릅니다.

이 때 가장 좋은 방법은 아이가 태어나기 얼마 전부터 미리 한 사람의 소득만으로 생활하고, 다른 사람의 소득은 그대로 저축하는 것입니다. 아이가 태어나기 전에 이미 한 사람만의 소득으로 생활하기 힘들다면, 나중에도 그렇게 외벌이로 살아가기를 원하지는 않을 것입니다.

또, 본인의 생명보험과 소득보장보험을 재점검할 필요가 있습니다. 배우자가 본인에게 의존할 수 밖에 없는 상황이기 때문입니다. 배우자와 아이를 뒷받침하기 위해 얼마나 필요한지 스스로 알 수 있을 것입니다.

점진적인 변화

변화는 한꺼번에 오지 않습니다. 갑작스런 것들은 아이의 독립, 본인의 은퇴 등이겠지요.

변화는 서서히 다가오기 때문에 필요한 것과 우선 사항에 맞게끔 준비할 시간이 있습니다. 당신이 젊었을 때 중요하게 느껴졌을 것들(새로운 차를 구입하여 친구들에게 부러움을 받는 것)등이 이젠 덜합니다. 친구들과 가족은 물질적인 것보다 다른 것들을 중요시합니다.

상호관계는 어떻게 당신이 변했는지 확인할 수 있는 좋은 예가 됩니다.

배우자가 아프거나, 사망할 경우 어떻게 해야 할 지 생각해 보아야 합니다. 그리고 당신의 유언장과 보험을 점검해야 합니다.

아이들이 재정적으로 독립하고, (어떤 부모들은 절대로 일어나지 않을 거라고 얘기하기도 합니다) 부동산 대출이 감소했다면 생명보험과 소득보장보험을 다시 점검하세요. 보장내용을 변경할 필요가 있을지도 모릅니다.

나이가 들어갈 수록 건강을 유지하는 데 있어 많은 돈이 들어갈 것입니다. 건강보험 내역을 확인하고, 소득보장보험 등은 줄여도 될 것입니다.

부동산 계획은 좀 더 중요합니다. 나이가 들어갈 수록 더 중요해집니다. 유언장을 때때로 확인하여, 제대로 작성되어 있는지 확인할 필요가 있습니다.

은퇴

은퇴 이후에는 좀 더 삶을 즐길 수 있습니다. 하지만 미래를 위한 계획 또한 필요합니다. 일하는 동안에는 은퇴생활 비용이 얼마가 드는지 측정하기가 힘듭니다. 하지만, 갑자기 소득이 줄어드는 경우 큰 부담이 되는 것은 사실입니다.

은퇴 후 당신이 받게 될 연금을 추정하여 은퇴 전 일정기간 생활해 보세요. 은퇴가 갑작스럽게 찾아오기 보다는 시간을 두고 발생하기 때문에 예산을 세워서 준비를 할 수도 있습니다.

어디서 살 예정이세요?

은퇴 후 어디서 살아갈 지에 대한 계획은 중요합니다. 몇 가지 실수로 인하여 삶이 힘들어 질 수도 있습니다. 여기 그 예를 소개하면

– 모든 은퇴자금을 '꿈에 그리던 집'에 투자한다면, 생활 자금은 부족해질 것입니다.

- 은퇴 후 '살기 편한 집'을 구입했다 하더라도 그것이 꼭 '당신에게 편한 집'은 아닙니다.

- 가족들을 위해 집을 값비싼 리모델링 한다면, 그만큼 당신 예산이 소비됩니다.

- 생활비용을 절약하기 위해 큰집을 팔고 작은 집을 구입한다 하더라도, 집만 작아졌을 뿐 생활비용은 증가할 수도 있습니다.

하지만, 성공적인 사례도 있습니다. 처음 히더를 만났을 때, 그녀는 60대 초반이었고 중중 질병을 앓고 있었습니다. 건강 악화로 인해 점차 이동도 힘들었고, 간병인을 써야만 했습니다. 물론, 치료비용도 많이 들었습니다.

그녀는 오래 전부터 은퇴 이후를 대비하여 조금씩 저축을 하고 있었습니다. 하지만 다시 일터로 돌아가지 못했고, 더 이상 계좌에 입금을 못했지요.

그녀는 도심에 가까이 위치한 부유한 집에서 살고 있었지만, 높은 곳에 위치하여 이동이 불편한 사람들에게 적합한 집은 아니었습니다. 그녀의 상황을 고려하여, 은퇴한 사람들이 많이 거주하는 곳으로 이사하기를 권유했고, 쉽게 동의했습니다. 그녀의 도심 주택을 매도해서 유지비가 적고 안락한 주택을 구입 하였으며, 2억 원의 매매차익을 남겼습니다. 이 돈은 그녀의 의료비로 사용할 수 있었습니다. 아직도 그녀는 질병으로 인해 고통 받고 있지만, 재정적인 스트레스에서 벗어날 수 있었습니다.

자산 형성, 오늘부터 시작하세요!!

자산을 형성하기에 가장 적당한 시기는 바로 지금입니다. 첫 발자국을 남기기 전 다음 일곱 가지를 기억하세요.

1. 스스로 지닌 돈 기질이 무엇인지 알고 시작하세요. 기본을 알고 계획을 세워야 합니다.
2. 원칙을 정하세요. 당신의 삶에서 돈은 어떤 의미인가요?
3. 목표를 명확히 하세요. 당신의 돈 기질과 원칙을 고려하여 목표를 명확히 하세요. 변화할 수 있는 동기부여가 될 것입니다.
4. 목표를 문서화하고 전략을 만드세요.
5. 돈 관리를 자동화시켜 효율적으로 관리하세요.
6. 실행하세요. 24시간 이내로.
7. 최소한 1년에 한 번씩은 계획을 검토하여 환경 변화에 대응하세요.

이 책을 차근차근 따라왔다면, 돈을 관리하는 것이 얼마나 쉬운지 놀랄 것입니다. 이제 당신은 재정적으로 자유로워질 뿐만 아니라, 삶에서 원하는 것을 얻을 것이며, 원하는 사람을 만날 수 있을 것입니다.

돈을 관리하는 순간부터, 당신은 자유롭습니다.

어디에 투자할까요?

이제, 조금 더 구체적으로, 어떻게 본인의 성향에 맞게끔 투자할 것인지 이야기해 봅시다. 당장 생각날 만한 것은 연금과 자산공유 등일 것입니다. 또 수많은 방법이 있을 것입니다. 각각 위험과 수익은 상대적이며, 그렇기 때문에 다른 방법들과 비교하여 최적의 상품을 찾아야 합니다.

당신에게 적합한 투자 방법은 어떤 것일까요?

간단하게 분류한다면,

간접 투자

  – 펀드 (주식형 펀드, 섹터형 펀드 등)
  – 퇴직연금
  – 투자신탁

직접투자

  – 주식
  – 고정금리투자, 금융채, 회사채
  – 부동산
  – 우리사주

이 중 일부 또는 전부를 본인의 투자 수단으로 삼을 수 있습니다.

종자돈은 없지만, 일정 부분씩 저축할 수 있다면, 정기적으로 펀드에 투자하는 것도 한 방법입니다.

직접 투자를 선호하지만 투자할 돈이 없다면, 대출을 이용하여 투자하거나 투자할 돈을 미리 저축한 후, 그 뒤에 시작하는 것도 좋습니다.

간접투자(펀드)

펀드란 투자자들로부터 투자자금을 모아서 독립된 신탁관리자에게 돈을 맡기어 이를 투자하게끔 하는 형태를 말합니다. 전문적인 펀드매니저에게 수수료를 지불하고 운용을 맡기며, 이들은 어디에 어떻게 투자하고 있는지를 정기적으로 공시합니다. 이론상, 전문인력의 지식과 경험을 있는 펀드매니저가 투자하는 것이 일반인이 직접 투자하는 것보다 벤치마크 대비 높은 수익을 올릴 수 있습니다. 그렇기에 수수료를 내면서 투자를 맡기는 것이지요.

장점은 무엇인가요?

이러한 간접투자의 장점들이 있습니다.

– 펀드는 이미 만들어진 상태이므로, 거래수수료가 일반적인 투자에 비해 저렴합니다.
– 펀드매니저가 관리하기 때문에 해외투자도 상대적으로 용이합니다.
– 아무런 지식 없이도 투자할 수 있으며, 관리가 번거롭지 않습니다. 큰 돈이 필요하지도 않습니다.

펀드는 자산에 대한 분산투자가 가능하며, 특정 지역이나 특정 투자자산에 투자를 할 수도 있습니다. 투자 시 둘 중에 하나를 고를 수도 있고 둘 다 선택해도 됩니다. 어떠한 경우든, 전체 투자자산을 4가지 자산군에 어떻게 배분하여 투자할지 고민해야 합니다. 이는 재무설계사와 자산분배 과정에서 합의합니다. 신탁 증서에 따라 펀드의 자산배분이 결정되며, 펀드매니저는 지침에 따라야 합니다.

> 펀드를 통한 투자의 경우라도 자산배분은 본인의
> 돈 기질에 맞아야   하며,
> 이는 당신이 불편하지 않아야 합니다.

가장 중요한 것은 어떤 펀드에 투자했느냐가 아니라, 어떻게 자산배분을 했는가 입니다. 만약 섹터관련 펀드에 투자했다면, 투자 범위를 확대하여 각각이 서로를 보완할 수 있어야 합니다. 당신이 선택한 자산배분에 따라 수익도 여기에 귀속됩니다. 당신이 선택한 포트폴리오가 본인이 원하는 것보다 더 위험성향이 높거나, 수익이 낮을 수도 있습니다. 만약 소액을 투자하고 있다면 몇 개의 섹터로 나누는 것보다 하나의 분산된 펀드에 투자하는 것이 좋을 것입니다.

펀드매니저 선택

펀드 성과는 펀드매니저가 어떻게 운용하지는 지에 따라 크게 달라집니다. 운용 스타일을 고려하여 두 가지를 생각해 봐야 합니다.

- 펀드매니저가 적극적인가요? 소극적인가요?
- 적극적이라면, 투자 전략 또는 운용 철학을 지니고 있나요?

패시브 펀드 vs 액티브 펀드

패시브 펀드는 주식시장 지수에 근거한 표준화된 공식을 따라갑니다. 패시브 펀드는 시장지수를 모방하기 때문에 수익이 시장지수 수익을 추종하게 됩니다.

패시브 펀드의 장점으로 액티브 펀드에 비해 수수료가 낮고, 투자종목을 고르는 데 큰 기술이 필요하지 않습니다.

시장 지수가 올라갈 때 좋은 효과를 발휘합니다.

하지만, 시장이 하락하는 상황이라면 가치 자체도 떨어지고, 수수료도 지불하기 때문에 시장의 성과보다 더 안 좋을 수 있습니다. 액티브 펀드 매니저라면 시장상황을 극복하고 성과를 낼 수도 있습니다. 뛰어난 액티브 펀드매니저라면 시장보다 높은 수익을 내기도 합니다.

투자 전략과 철학

액티브 펀드 매니저들은 그들 스스로를 가치형 매니저, 성장형 매니저 또는 혼합형 매니저로 분류합니다.

본질적으로 가치형 매니저는 매매 사냥꾼입니다. 가치형 매니저들은 현재의 수익과 미래의 수익을 예측하여 적정가격을 평가합니다. 시장에서 가격이 평가한 적정가격보다 낮으면 매수 투자를 합니다.

251

성장형 매니저는 이와는 달리, 시장에서의 현재가격이 평가한 적정가격보다 높고 미래가치도 상승이 기대되는 자산에 투자합니다.

가치형 매니저가 운용하는 펀드들은 시장 상황보다 변동성이 적지만, 시장이 성장하는 기간에는 성장형 매니저가 운용하는 펀드에 비해 수익률이 떨어집니다.

서로 다른 펀드 매니저가 다른 스타일로
운용하는 펀드들로 투자자산을 나누어 위험을
감소시킬 수 있습니다.

어떻게 펀드를 골라야 하나요?

열 가지를 살펴보아야 합니다.

- 세금은 얼마나 되나요?
- 선취/후취 수수료가 얼마나 되나요?
- 운용 수수료는 얼마인가요?
- 과거 운용 성과는 얼마나 좋습니까?
- 펀드 규모는 얼마인가요?
- 펀드 전환비용은 얼마인가요?
- 펀드 투자자산은 무엇인가요?
- 환 헤지 여부는?
- 펀드 투자에 제한사항이 있나요?
- 펀드 매니저의 스타일은?

더 많은 정보는 투자운용보고서를 통해 접할 수 있습니다.

퇴직연금

퇴직연금도 펀드로 운용됩니다. 하지만, 연금의 경우 은퇴시점까지 돈을 묶어놓기 때문에, 특히 모험가 타입의 사람들에게는 꼭 필요한 제도입니다.

고용주들은 근로자 퇴직연금의 일정 부분 지원합니다.

퇴직연금은 전문적으로 운용되며, 투자범위 중 가장 범위가 넓습니다. 원하는 시점에 언제든 변경 가능하며, 퇴직연금이 설정되면 각 상품에서 원하는 펀드를 선택할 수 있습니다. 다시 말해, 퇴직연금 내에서도 당신의 돈 기질에 맞게 자산을 배분할 수 있습니다.

어떻게 퇴직연금을 선택하나요?

퇴직연금의 종류는 매우 많습니다. 상품을 고르기 전 미리 확인하세요.

- 공인된 상품인가요?
- 누가 펀드를 관리하나요? 혼자인가요?
  아님 여러 사람이 관리하나요?
- 다른 상품들에 비해 수익률이 어떤가요?
- 선취/후취 수수료는 어떤가요?
- 운용수수료가 얼마인가요?
- 은퇴 시점까지 금액을 지킬 수 있나요? (안정성이 있나요?)
- 상품 안에서 펀드의 이동이 자유롭나요?
- 상품 규모는?

상장신탁

상장 신탁 또한 펀드로 운용되는 상품 중 하나입니다. 하지만, 이 상품은 '폐쇄형' 신탁입니다. 주주가제한적이고 회사 형태의 구조를 하고 있으며, 주식시장에서 거래가 이루어 집니다. 주식의 가치는 회사의 기본 가치에 따라 결정됩니다.

다시 말해, 상장신탁은 양날의 칼입니다. 주식시장이 강한 상승세인 경우 상장신탁 가치도 상승합니다.

이는 주식시장이 상승세인 경우 기초 투자자산의 가치가 주식시장과 상장신탁에서 모두 상승하기 때문입니다. 이런 상황에서는 상장신탁의 가치가 기초 투자자산의 가치보다 더 높게 상승할 수도 있습니다.

하지만, 반대의 경우라면 하락 폭도 더 클 수 있습니다.

상장신탁은 보통 특정투자 예를 들어, 상업용 부동산 , 공업용 부동산, 해외투자, 제약회사, 인프라건설 회사 등에 국한되는 경우가 많습니다.

간접투자 수익을 올리는 방법

주식시장이 하락기였던 2000~2003년에 간접투자는 수익률이 좋지 않아 투자자들로부터 외면을 많이 받았습니다. 대부분의 투자자들은 시장 상황이 좋지 않았기 때문에 수익률이 좋지 않다고만 생각했습니다.

펀드매니저의 운용 성과를 평가하는 기준이 되는 벤치마크(기준지표)는 펀드가 투자되는 시장과 관련이 있는 지수이어야 합니다. 시장이 20%이상 하락할 때 시장을 기초자산으로 하는 펀드의 수익을 기대하는 것은 비상식적일 것입니다. 펀드의 성과는 시장 성과 대비 조금 더 나은 범위 내에 있을 것입니다. 예를 들어, 세계주식시장 지수가 주어진 기간에 20% 하락 했을 경우, 세계주식시장에 기초한 간접투자 펀드가 같은 기간 펀드 운용 수수료를 감안하여 15% 하락했다면 성과가 우수하다고 평가할 수 있습니다. 이는 기준지수를 상회하는 성과 입니다.

물론, 단기 투자실적만 갖고 간접투자가 은행보다 낫다고 평가하는 것은 적절하지 못합니다. 단기투자(5~10년 이내) 는, 투자되는 자산군을 대표하는 시장지수 또는, 동일한 투자 자산군내 직접투자 폴트폴리오 대비 성과를 비교평가 해야 합니다. 하지만, 장기 투자라면 간접투자가 은행 예,적금보다 높은 수익률을 기대할 수 있습니다.

소액투자, 또는 해외투자 시 액티브 펀드는 잠재적 투자위험을 감소시킬 수 있습니다. 전문가를 통하여 다양한 주식에 투자할 수 있기 때문입니다. 시장지수 보다 높은 수익을 기록하는 펀드를 고르세요.

간접투자는 축적가, 획득가 성향의 보수적인 사람들이 직접투자 보다 투자 위험을 줄이면서도 투자할 수 있는 좋은 방법입니다.

간접투자 시 왜 돈이 안전한가요?

많은 고객들이 물어보는 공통적인 질문입니다.

 – 만약 자산운용사가 파산하면 어찌되나요?

 – 모든 돈을 간접투자 하는 것은 달걀을 한 바구니에 담는 것과 같은
효과 아닌가요?

 자산운용사가 돈을 모두 관리하지 않습니다. 그들은 당신의 자산을 신
탁합니다. 신탁법을 준수하면서 투자하도록 규제를 받으며, 투자 결정
후에만 투자자금을 이용할 수 있습니다.

 펀드매니저는 운용인력을 감독하며, 이는 부동산 관련 투자상품도 동
일합니다. 만약 자산을 운용하는 과정에서 펀드매니저가 재정적 어려움
에 처하거나 일을 그만두게 되면 더 이상 펀드자산을 운용을 할 수 없게
되고, 신탁사는 새로운 펀드매니저를 고용하도록 하여 투자 상품에 문제
가 발생하지 않게 조치를 취합니다.

 펀드의 위험 요소는 다음과 같습니다.

 1. 시장 상황이 하락기인 경우입니다. 이는 다양한 형태의 펀드에 투자
자산을 분산함으로써 위험을 줄일 수 있습니다.

 2. 펀드매니저가 투자를 잘 못하는 경우입니다. 이 때는 다른 펀드 매

니저가 운용하는 상품을 가입하거나, 한 사람이 아닌 여러 명이 운용하는 펀드를 선택하면 됩니다.

직접 투자

기업가나 모험가 성향이라면 간접투자형 펀드보다는 직접투자를 선호할 것입니다. 부동산이나 주식에 대한 직접 투자는 환매하는 시점을 예측하는 능력과 이에 투자할 수 있는 용기가 있다면 높은 수익을 기대할 수 있습니다.

축적가와 획득가라면 이러한 투자를 좋아하지 않습니다. 하지만 그렇다고 이들이 직접 투자를 하면 안 된다는 이야기는 아닙니다. 본인이 축적가 또는 획득가라면, 충분한 조사를 통해 투자의 위험을 줄일 수 있습니다.

주식

펀드와 비교하여 주식투자의 장점으로 수수료를 줄일 수 있습니다. 일부 투자자들은 시장가격과 주식정보를 바탕으로 투자하여 주식 투자에서 높은 수익을 올리기도 합니다.

성공적인 투자를 위해서는 투자자금을 통해 다양한 종목을 매수하는 것이 좋습니다. 본인의 포트폴리오를 다양한 산업의 '성장주 (꾸준한 이익을 내고 있는 기업)'와 '가치주(성장 가능성이 높은 기업)'에 분산해서 투자해야 합니다.

투자 포트폴리오로부터 소득을 얻고자 한다면 배당률이 높은 종목에 투자하세요. 이미 충분한 소득이 발생해서 금융소득종합과세와 같은 세금이 문제가 된다면, 주식의 가치는 상승하지만 배당률이 낮은 종목에 투자하세요.

주식 브로커나 재무상담사 같은 전문가의 조언을 구하세요. 당신이 어디에 투자를 하던지 친구나 지인으로부터 전해들은 주식에 대한 비밀정보 등에 너무 의존하지 마세요. 스스로 찾아보고, 전문가와 상의한 뒤 스스로 결정하세요.

주식 시장의 전문용어에 익숙해 지고, 당신이 투자하고자 하는 기업에 대한 자료를 찾아 읽어 보세요.
회계에 대한 지식이 있다면 기업의 재무제표를 이해하는데 도움이 될 것입니다. 그리고 틈나는 대로 주식 투자에 대한 공부를 하세요. 그리고 주식 투자모임이나 친구들과 주식에 대한 지식을 공유하세요.

본인이 어디서부터 투자해야 하는지에 대한 실마리가 없거나, 주식에 대한 흥미 또는 종목들을 조사 할 시간이 없다면, 펀드와 같은 간접투자가 더 나을 것입니다.

고정이율 투자상품

은행 예금과 달리, 이율을 고정적으로 주는 상품들도 있습니다.

- 금융회사채, 금융어음
- 회사채, 기업어음

고정이율 상품은 비슷한 이율을 주는 다른 상품들과 위험을 비교한 뒤에 선택해야 합니다. 'high risk high return' 이라는 격언이 있습니다. 하지만, 일부 고정이율상품은 투자수익에 비해 너무 높은 위험을 감수해야 합니다.

이 상품도 다른 주식들처럼 분산 투자하는 것이 중요합니다.

모든 돈을 한 회사에 투자하지 마세요.

금융회사채

금융회사는 부동산, 자동차, 공업, 장비 또는 도자기, 가구 같은 소매 제품 기업에 돈을 빌려줍니다. 대부분은 위와 같은 특정 범주의 기업에 빌려주는 것이 일반적입니다.

많은 금융회사들이 있지만 모두가 장기투자자금을 가지고 있진 않습니다. 그렇기에 기업에 투자할 때 금융회사 자체적으로 조사하고 투자자문사의 자문을 받아 주의를 기울여 신중하게 투자합니다.

　　회사의 '투자 등급' 을 먼저 살펴본 뒤에 투자에 대해 결정하기를 권유합니다. 각각의 회사는 규모가 다릅니다. 그렇기에 꼭 등급을 확인해야 합니다.

금융회사 투자 시에 어떻게 해야 하나요?

금융회사에 투자하는 경우, 먼저 생각해 봐야 할 것들입니다.

- 등급이 어떤가요?
- 회사 크기는 얼마나 되나요? (전체 자산이 얼마인가요?)
- 설립 년도는 언제인가요?
- 관리자(CEO)는 누구이며 경영성과는 어떤가요?
- 주된 대출의 형태는 무엇인가요?
- 특수관계간의 거래가 있나요?
- 주주 규모는?
- 부실대출이 있나요? 얼마나 있습니까?
- 부실대출을 해결할 대책을 가지고 있나요?

회사채

보통, 회사채는 대기업에서 발행합니다. 은행으로부터 대출을 받는 것보다 투자자에게 직접 채권을 발행하는 것이 수수료가 낮기 때문입니다.

어떤 회사들은 채권보다 안전성이 낮은 어음을 발행합니다. 어음은 보다 높은 이자율을 제공합니다. 정부 또한 국채를 발행합니다. 정부에서 보증하는 채권이므로, 이자율이 낮습니다.

회사채와 어음은 2차 시장에서 발행되며, 액면가액과는 다른 가격으로 시장에서 거래가 됩니다. 채권가격은 시장이자율과 채권 자체의 위험성에 따라 결정됩니다. 일반적으로, 채권은 시장 이자율 보다 높은 이율로 책정이 되어 액면가액에 프리미엄이 붙어 매도가 됩니다. 채권은 만기가 가까워질수록 프리미엄이 할인 되거나 낮아지며, 만기시에는 프리미엄이 없어집니다.

대부분의 채권과 어음의 만기는 발행일로부터 5년이며, 브로커를 통해서 거래됩니다. 고정금리 투자자산은 이론상 고정이율 상품이긴 하지만, 만기가 길수록 채권가격은 상승하는 경향이 있습니다. 그리고 영구채는 재설정 금리를 가지고 있습니다. 채권가격은 시장이율에 따라 변동됩니다.

대부분의 회사채와 어음은 Standard & Poors의 투자등급을 가지고 있으며 BBB-이상이 투자 적격 등급으로 간주됩니다.

부동산 투자

뉴질랜드 인구의 70% 이상은 본인 소유의 집이 있습니다. 집 구매율이 가장 높은 나라 중 하나입니다. 아마도, 이 같은 현상은 조상들의 영향을 받아 그렇다고 생각되는데요.(척박한 환경에서 조그만 땅이라도 가지고 싶다는 욕망이 현실화된 것이 아닐까요)

많은 사람들이 부동산은 안정적인 투자상품이라고 생각합니다. 우리는 집을 구입할 수도 있고 빌릴 수도 있습니다. 집을 가진 사람을 부러워하고, 집을 가진 사람은 친구들에게 자랑합니다. 그리고, 대출을 이용합니다. 더 이상 땅은 늘어날 수 없다고 생각하기에 부동산 투자는 훌륭하다고 느낍니다. 부동산에 투자하여 자산을 축적하거나, 은퇴자산을 마련하겠다고 하는 희망사항이 항상 상위권에 위치하는 것은 그리 놀랄만한 일이 아닙니다.

거주용 부동산은 투자상품이 아닙니다.

집에 돈을 묶어놓는다고 해서 소득이 발생하지는 않습니다. 또, 부동산 가격이 올라간다 하더라도 매매를 하여 매매차익이 발생하여야 현금이 주어집니다.

자산을 형성하기 위한 기회를 최대화하기 위해서는 편안함을 느낄 정도의 가장 저렴한 집에서 거주하는 것이 이상적입니다. 세입자로서의 자유로움을 즐기고 싶다면 투자용 부동산을 구입하는 것을 고려하세요. 인생의 후반에 집을 구입하고자 한다면, 구입하고자 하는 집의 가격이 당신이 생각했던 것 이상으로 상승할 수도 있습니다.

부동산 투자는

- 자산 가격의 상승
- 매도 시 큰 자본차익
- 부동산 임대 수요의 증가

등의 이유로 인기가 있습니다.

부동산 투자를 하는 이유 중 하나는 레버리지입니다. 레버리지를 이용하면 부동산 유지비용과 대출이자 비용 등 제반 비용을 공제하고도 보다 많은 수익을 얻을 수 있습니다.

부동산 투자는 숫자 게임입니다. 부동산 투자에서 얻게 될 수익에 대한 계산 방법을 알지 못한다면 좋은 투자자산이 아닌 실제적인 위협요소가 될 것입니다.

투자형 부동산으로부터의 이익

부동산 투자에서 발생하는 소득과 자본이익을 계산하는 방법으로는 두 가지 방법이 있습니다.

총소득 이익률 : 1년간의 소득 / 자산가격
순소득 이익률 : 세 후 순 소득 / 자산가격

일반적으로

– 잠재적 자본이익이 높은 부동산인 경우 순소득 이익률은 낮습니다.
– 순소득 이익이 높은 경우 잠재적 자본이익이 낮습니다.

왜냐하면, 임대는 집의 가치를 올려주지는 않기 때문입니다. 예를 들어, 방이 세 개인 1억 5천 만원 가격의 집은 주당 20만원에 임대가 되고, 방이 세 개인 3억 원 가격의 집은 주당 25만원에 임대가 됩니다. 소득이익률 관점에서 본다면 1억 5천 만원 가격의 집 두 채를 구입해서 주당

40만원을 받는 것이 3억 원 가격의 집 한 채를 구입하여 주당 25만원씩 받는 것보다 이익이 큽니다.

하지만, 자산이익 또한 고려해야 합니다. 바꿔 말해, 주택의 잠재가치가 3억 원을 넘어야 합니다. 두 가지 선택사항을 자산이익과 소득이익을 결합하여 가치를 계산 후 비교를 해야 합니다.

부동산 포트폴리오를 실행하기 전,
투자전략부터 결정하세요.

부동산에 투자할 경우 높은 자산소득이나 순소득을 올리길 원하시나요? 또는 모두를 달성할 수 있는 부동산을 찾길 바라시나요?

소득이 발생하지 않는 매매차익을 위한 부동산 투자의 단점이라면, 매도가 되기 전까지는 현금자산이 없는 것입니다. 투자 부동산을 매도 하기 전까지 소득이 낮다면 지출을 감당하지 못할 것이고 부족분은 대출을 이용해야 할 지도 모릅니다.

순소득률이 높은 부동산 투자의 단점은 투자한 부동산의 가치가 위치나 상태에 따라서 가치가 하락할 수 있다는 것입니다. 아울러, 부동산의 유지 비용이 높다면 자산의 가치는 크게 상승하지 않을 것입니다. 또한 임대소득에 대하여 세금이 부과 됩니다.

때때로 부동산 투자가 높은 임대소득과 자산가치 상승 두 가지를 가능하게 합니다.

　– 시세보다 굉장히 싸게 산 경우 (원 주인이 급매물로 내놓았을 때)
　– 약간의 리모델링을 통해 자산가치를 크게 높일 수 있는 방법을 찾았
다든지 (울타리 설치, 방을 추가한다든지)
　– 인구 증가, 산업발전 등으로 주변 시세가 큰 폭으로 상승한 경우 등
입니다.

수익을 어떻게 계산할까요?

부동산 투자의 수익률이 좋은지 나쁜지 계산하는 가장 간단한 방법은
일 년간의 소득과 지출을 계산해 보는 것입니다.

　1. 총 소득을 계산합니다. 월 임대료에 개월 수를 곱하여 1년간 소득으
로 환산합니다. 만약 주변 시세를 잘 모르겠다면, 지역 부동산 업자에게
어느 정도가 적정한지 물어보세요. 지역별로 부동산 가격은 다릅니다.

　2. 부대비용을 계산합니다.
　– 대출비용
　– 이자비용
　– 보험
　– 유지비용
　– 부동산 관리비용 (선택사항)
　–정원 관리비용 (선택사항)

3. 총소득에서 부대비용을 차감 합니다. 이 금액이 세 전 연간 소득일 것입니다. 소득이 0보다 크다면 당신의 은행 계좌에 돈이 쌓일 것이며, 소득이 0보다 작다면 점점 부채가 쌓일 것입니다.

세금 효과

이 단순한 분석에는 세금 부분이 빠져 있습니다. 세금의 목적상 원금 상환 부분은 비용처리가 안되지만 이자는 비용처리가 가능합니다. 부동 산의 감가상각 또한 비용으로 처리가 가능합니다.

몇 가지 Tip

대출을 통해 부동산을 구입하고, 유지하는 부대비용에 돈을 더 쓰고 싶 지 않다면 적절한 부동산을 구입하는 데 도움이 되는 몇 가지 방법을 소개합니다.

1. 각각의 부동산 소득률을 계산합니다. 월 임대료에 12를 곱하고, 이를 자산가액으로 나누세요. 예를 들어, 2억 원 가격의 부동산을 구입하여 월 100만원을 받고 임대 한다면, 이 부동산의 소득율은 100만원 X 12 / 2억 원 = 6%입니다.

부대비용은 아파트의 경우 보통 전체 가액의 1.5~3.5%인데, 이는 유지 비용이 얼마나 발생하는가에 따라 다릅니다. 바꿔 말해, 당신이 만약 이 자를 4.5% 이상 지불하고 있다면 손해를 보게 됩니다.

2. 다른 방법으로 이자 비용이 얼마인지를 계산하는 방법이 있습니다. 만약 이자비용으로 6.5%이상 지출하고 있다면 적어도 소득률이 8%이 상 되어야 손해가 발생하지 않습니다.

항상 생각할 수 있는 모든 관점을 고려한 뒤에
가장 적합한 방법을 찾으세요.

세분화된 분석

좀 더 정확한 분석을 원한다면, 앞으로 10년 동안 어떤 형태로 자산을 운용할 것인지에 대해 계산해 보는 게 좋습니다. 이를 통하여 유지비용 (도색비, 지붕을 새로 고치는 비용, 감가상각을 통한 세금 환급 등)을 정확하게 계산할 수 있습니다. 전문가를 통해, 계산방법을 좀 더 자세히 알아볼 수 있습니다.

그 다음으로, 투자를 통해 얻을 수 있는 적절한 수익률을 고려합니다. 벤치마크의 수익률과 비슷하거나 높으면 좋겠지요. 이 같은 조건을 충족시키려면, 상당한 시간 동안 연구하고 공을 들여야 합니다.

소득률을 높이는 방법은?

부동산 투자자산의 소득률을 높이는 방법은 많습니다. 집 전체를 임대하기 보다 방 별로 임대를 하는 것입니다. 거실을 침실로 바꿀 수도 있고, 집을 리모델링 하여 더 높은 가격에 임대를 하는 것입니다. 그렇지만, 기본에 충실해야 합니다. 종종 '현재 가격은 ○○○이나, 앞으로 금액 상승할 여지가 충분함' 이란 광고를 봤을 것입니다. 미래 가치가 아닌, 현재가치를 기준으로 구입하시기 바랍니다.

조언

부동산 자산에 투자 시 관련 법규를 숙지하시기 바랍니다. 또, 경험이 많은 투자자의 방법을 이용하세요. 자산을 축적하고자 한다면, 부동산 투자는 기본적으로 뒷받침되어야 합니다. 부동산을 시장가격보다 낮게 구매하면 단기간에 자본차익을 올릴 수 있으며, 가벼운 리모델링을 통해서 자산의 가치를 상승 시킬 수 있습니다. 뿐만 아니라, 부동산 담보대출을 이용하여 긍정적인 레버리지 효과를 얻을 수도 있습니다.

초심자들을 위한 좋은 전략

현금흐름이 양(+)인 몇 개의 부동산 자산을 구입하세요. 그리고 양의 현금흐름을 바탕으로 현금흐름이 음(−)인 부동산을 구입하세요. 이 방법으로 임대소득과 자산소득이 균형을 이룬 전체 포트폴리오를 얻을 수 있습니다.

상장투자신탁과 부동산 펀드

부동산 투자 방법의 두 가지 대안을 소개합니다.

상장투자신탁은 상장된 주식을 사고 파는 투자수단입니다. 투자자로부터 자금을 모아 다양한 투자종목을 구입합니다. 투자자산의 가치는 신탁에 포함된 기초자산의 가치와 주식시장의 가격변동에 따라 결정됩니다.

이 신탁은 보통 배당금이 높고 시장에서 환매가 용이하기 때문에 은퇴자산에 활용하기 좋습니다.

부동산 펀드는 비슷한 형태로 거래되나, 상장되진 않으며 펀드의 가치는 주식시장에 영향을 받기 보다는 기초자산의 가치 변동에 의해 결정됩니다.

둘 다 높은 배당소득과 자산소득을 얻을 수 있는 상품입니다.

개인사업

많은 사람들이 본인 사업을 꿈꾸지만, 소수의 사람들만이 사업에 도전하며, 그 중 일부만 성공합니다. 모든 돈 기질을 통틀어, 기업가 타입이 가장 사업에 적합합니다. 기업가 타임은 위험을 수용하며, 성공에 대한 열정이 있습니다.

사업을 하고 싶다면, 어떤 일을 할 것인지 생각해 봐야 합니다. 리스트를 작성해 보세요

- 흥미 있는 일
- 기술, 지식, 경험과 같은 적절한 추진력을 가지고 있는지
- 열정을 느낄 수 있는 일

외부 활동을 좋아한다면 여행사업에서 성공할 수 있습니다.

색깔과 디자인에 관심 있다면 집안 꾸미기 사업을 고려하세요.

간호사교육을 받았다면 급속히 늘어나는 요양산업에 뛰어들 수 있을 것입니다.

사업발전과 관리에 강점이 있다면 직원교육 및 마케팅, 경영관리를 전문으로 하는 회사를 차리면 됩니다.

잠재시장을 고려하세요. 사업을 위한 좋은 아이디어가 있다고 하더라도 사람들이 당신이 받고자 하는 가격을 지불하면서 상품이나 서비스를 구입할 것인지를 고민해 봐야 합니다. 많은 돈을 들여서 투자하기 전에 적은 비용으로 시장에서 사전 검증이 가능하다면 잠재고객에 대한 시장조사를 할 필요가 있습니다.

사업은 고객이 무엇을 원하는지에 따라 결정됩니다. 하지만, 필요와 구매는 무형자산이므로, 이를 넘어선 구매 욕구를 충족시켜야 합니다. 예를 들면, 커피 판매점은 단순히 커피만 팔지 않습니다. 그들은 쉴 공간, 친구들과 즐길 수 있는 장소, 사업 이야기를 할 수 있는 장소를 팝니다. 맛있는 커피와 음식으로 충분치 않습니다. 당신의 커피 판매점은 사람들이 만나기 쉬운 장소여야만 합니다. 적절한 인테리어와 음악도 필요합니다.

해외동향과 사업 아이디어로 현 시장에서 새로운 기회를 만드세요. 하지만 조심하세요. 한 시장에서의 성공도 다른 시장에서는 구매자의 다른 구매 성향에 따라 실패할 수도 있습니다.

사업 성공을 위한 아이디어

1. 열정을 갖고 할 수 있는 일을 찾으세요
2. 사업기회를 찾기 위해 브레인스토밍을 하세요
3. 자신의 강점과 약점을 나열하세요
4. 강점을 사업에 어떻게 이용할 수 있을지 기록하세요
5. 약점을 정확히 파악하세요

　새로운 사업을 하는 데 있어 위험부담을 안고 싶지 않다면, 두 가지 방법이 있습니다. 하나는 현존하는 사업 자체를 인수하는 것이고, 또 하나는 프랜차이즈를 인수하는 것입니다.

사 례

1999년에, 저는 기업의 부장 자리를 내려놓고 사업을 시작했습니다. (제 이야기는 'You Don't Make a Big Leap without a Gulp My Mike Fitzsimons and Nigel Beckford'에 상세히 기록되어 있습니다.)

제 인생의 대부분을 관료주의적인 대기업에서 보냈기에, 스스로의 일을 하면서 자유를 찾고 싶었습니다. 저를 강하게 동기화 시킬 수 있고, 성장 가능성이 높은 사업을 찾기 시작했습니다. 경제와 회계를 전공했기 때문에 재정관련 일을 할 수 있었고, 다양한 관점에서 돈을 바라볼 수 있는 일을 하고자 했습니다.

또, 사람들과 일하는 것을 좋아하기에 돈과 사람에 관련된 일을 찾고 있었습니다. 재무설계에 대한 광고를 보았습니다. 저는 재무설계산업은 급속도

로 증가하고 있고 공인된 사람들이 많이 필요하다는 것을 깨달았습니다.

고객들은 대부분 고소득자였고, 제 사업은 그들에게 높은 만족도를 보였습니다. 사업을 시작할 때 희미하지만 열정을 갖고 할 수 있는 일을 찾았고, 할 수 있다는 확신을 가졌습니다. 재무설계사로서 사람들에게 행복한 삶을 살 수 있도록 도와주는 일을 하고 있습니다.

프랜차이즈

프랜차이즈는 지속적으로 늘어나고 있습니다. 성공적인 프랜차이즈는 돈을 더 모아 프랜차이저(가맹점을 관리, 지원하는 본점)가 됩니다.

프랜차이즈에 가맹하기 전에, 당신의 돈이 얼마나 들어갈 지 주의 깊게 생각하세요. 초기 투자비용도 들어가며, 매년 수익금의 몇 퍼센트는 유지비용으로 들어갑니다. 초기 투자비용으로 기자재를 구입하고 교육을 받으며, 브랜드와 매뉴얼, 시스템을 구입합니다.

프랜차이즈의 유지비용은 프랜차이저의 교육, 관리, 생산비용 그리고 사업 확장에 쓰입니다. 지원이 없다면 프랜차이즈 비용을 부담할 필요가 없이 자신의 사업을 하면 됩니다.

가맹점의 재판매 가치는 다른 가맹점과 비교하여 매깁니다. 브랜드 가치는 상품과 서비스의 인기에 따르며, 마케팅과 가맹점의 인기도에 따라 결정됩니다. 새 점포라면 가맹하기 전 얼마나 가치가 있는지 확인하고 들어가야 합니다.

- 다른 가맹점은 얼마나 많이 팔렸나요?
- 특정 지역에서 독점권을 가지고 있나요?
- 만약 내 가맹점을 팔았을 때 판매 규제를 당하게 되나요?

를 먼저 고려해야 합니다.

홍보 성격의 프랜차이즈 세일은 높은 수익을 올리는 것처럼 보이려는 방법입니다. 이 때의 수익은 진정한 수익이 아닙니다. 실제 수익과 매출을 살펴본 뒤에 사업성 여부를 판단하세요.

사업 인수

현존하고 있는 사업을 인수하는 것 또한 사업을 시작할 수 있는 좋은 방법입니다. 당신이 축적가나 획득가라면, 일정 수익을 내고 있는 사업을 구입하는 것이 더 편안할 것입니다. 또한, 몇 개의 유사한 업종이나 기존 사업장과 시너지 효과를 낼 수 있는 사업 인수를 고려해도 될 것 입니다.

사업 구입시 가장 큰 위험은 너무 많은 비용을 사용할 수도 있다는 것입니다. 사업가치는 직관적이 아닌 무형입니다. 사업을 시작하기 전에 회계사 등의 전문가의 조언을 받아야 합니다.

또한, '자산 실사'를 통해서 사업이 지니고 있는 잠재된 위험성을 파악해야 합니다. 지난 몇 년간의 실적을 살펴보고, 고객 기반, 상품, 서비스, 기본 환경에 드러나지 않은 위험성이 무엇인지를 알아야 합니다.

예를 들어, 사업이 큰 고객 하나에 너무 의존하고 있다고 가정하겠습니다. 만약 이 고객과 미래에도 좋은 관계를 유지할 수 있을까요? 경쟁사들이 좀 더 나은 제품과 서비스를 하지 않을까요? 새로운 법규로 인해 사업은 확장될까요? 축소될까요?

본인이 사업을 잘 할 수 있습니까?

새로이 사업을 시작하든, 아니면 기존 사업을 인수하든 기업에서 고정 급여를 받던 사람들에게는 큰 도전입니다. 사업에 어울리는 사람인지 아닌지를 판단하기 위해 다음 체크리스트를 작성해 보세요.

1. 사업을 통해 당신의 흥미, 기술과 능력을 발휘할 수 있습니까? 동기화된 상태로 너무 시간을 길게 소비하지 않고 사업 속도를 낼 수 있나요?

2. 규칙적인 월급 없이도 충분히 길게 일할 수 있나요?

3. 사업체를 설립할 때까지 이를 지원할 만한 돈이나 대체 수입원이 있습니까?

4. 새로운 기술을 배울 준비가 되었나요? 작은 기업체의 사장으로서 당신은 관리, 인사, 마케팅, 재무, 생산관리 등을 모두 해야만 합니다.

5. 조언을 받거나 지원받을 수 있는 인맥이 형성되어 있습니까?

6. 무엇이 되었든 사업을 성공시킬 준비가 되어있습니까? 단순히 노동시간만 길어지는 것이 아니라 다양한 역할을 해야 하며, 휴일도 반납해야 하고, 대중연설도 해야 합니다. Cold call도 필요하고, 힘든 고객들을 다루기도 해야 합니다. 세금을 알아야 하고, 여러 가지 업무도 해야 합니다.

사업 계획

사업을 시작하기 전에 계획부터 세우는 것이 좋습니다. 당신의 사업 아이디어, 생산물품, 서비스, 잠재고객, 필요한 자원, 어떻게 생산품과 서비스를 마케팅 할 것인지 문서화하세요.

많은 경우 초기 몇 년 동안의 자금난으로 사업을 실패합니다. 이러한 경우를 피하기 위해서 미래에 예측되는 비용의 현금흐름을 예측하여 예산을 세워 준비해야 합니다. 어떻게 해야 하는지 모른다면 회계사 또는 도움을 줄 수 있는 다른 기업의 사장 등에게 도움을 요청하세요.

사업이 안정화되려면 적어도 5년 정도는 필요합니다.

사업체가 안정화되는 기간까지 필요한 자금을 충분히 준비하였다면, 1년 차에 이익이 나지 않더라도 포기하지 마세요.

어떻게 사업계획을 작성하나요?

비전

사업에서의 장기 비전을 기술하세요 −생산 품목과 서비스를 누구에게 어떻게 제공을 할지, 그리고 경쟁자와 차별화된 목적이 어떤 것인지.

단순한 서술이 아니라 10년 동안 어떻게 되고 싶은지 자세히 쓰세요. 사업을 성공하고 싶다면 무엇에 집중해야 하는지도 작성하세요.

강점, 약점, 기회와 위협요소(SWOT)

현재의 상황에 집중하세요. 사업에서 강점은 무엇입니까? 약점은요? 시장에서의 기회는 무엇입니까? 경쟁사, 경제환경의 변화, 또는 다른 어떤 것으로부터의 위협요소를 어떻게 관리할 것인가?

성공의 열쇠

성공을 위해 반드시 해야 하는 것들입니다. 적절한 위치를 찾았나요? 공급은 안정적인가요? 잠재 고객은 있나요? 능력이 뛰어난 직원은? 적정 이율로 대출할 수 있나요? 은행과의 신용은 좋은 편인가요?

목표

기간이 정해진, 측정 가능한 특정 목표를 세우세요. 사업, 시장점유율, 공급자, 고객 만족도, 생산성 등이 될 수 있습니다.

전략

목표를 달성하기 위한 전략을 명확화하세요. SWOT분석에 의거합니다. 강점과 기회를 잡고, 약점과 위협요소를 보강하세요.

행동

각 전략에 따라 적어도 다음 12개월 동안 해야 할 일을 작성하세요. 측정 가능하고, 시간적인 제한을 두고, 사업적으로 관련이 있어야 합니다.

재정계획

유망한 사업주들이 공통적으로 어려워하는 부분입니다. 하지만, 끈질기게 작성하세요. 재정적인 지원 없는 사업은 곧 망합니다.

사업 계획 옆에 12개월 동안의 매월 예산을 준비해 놓으세요. 5년 동안의 예상 현금흐름도 작성하세요.

물론, 추정치일 것입니다. 세 가지 시나리오를 준비하세요. 가장 좋은 경우, 가장 나쁜 경우, 기대치입니다. 상황에 따라 어떤 결과가 발생하는지 볼 수 있을 것입니다.

다시 말하지만, 재정 계획을 세울 수 없다면, 주변에 도움을 요청하세요.

세금 파악

사업을 실패하는 원인 중 하나가 세금규제입니다. 사업에 관련된 세법과 친해지세요. 그리고 세금을 납부할 수 있을 만큼 돈을 따로 마련하세요.

건강과 안전, 노동 환경

건강과 안전은 중요한 요소입니다. 만약에 당신이 직원을 고용하고자 한다면, 근로계약, 임금, 휴가, 연장근로, 연차휴가, 병가, 징계규정 등 노동법에 규정된 사항을 준수 하여야 합니다.

소유 구조

사업 시작 전, 회사의 소유구조를 결정하세요. 개인, 동업, 법인 등 어떤 것에서 시작할 지 선택해야 합니다. 각각의 경우 세금에 영향을 미치며, 사업이 어려워졌을 때의 법적 책임이 달라집니다.

조언

사업하는 누구라도 난관에 봉착할 수 있습니다. 만약 쉽게 포기할거라면 시작하지 마세요. 생존하려면 많은 인내가 필요합니다. 어떻게 장애물을 극복할 것인지 방법을 찾고, 성공할 수 있다고 스스로를 믿으세요. 신규 사업을 지원하는 많은 제도가 있고, 대부분은 무료입니다.

돈을 지키는 방법

자산을 축적하는 것보다 지키는 것이 훨씬 더 중요합니다. 질병, 사망, 정리해고, 관계의 소멸, 사업 실패 등 자산을 잃게 만드는 많은 일들이 있습니다. 대부분의 경우 예측할 수 없으며, 일부는 회복하는 데 상당한 노력이 필요합니다.

자산과 투자자금을 지키는 몇 가지 방법을 소개합니다. 지금 당장 시작하는 것이 중요합니다.

보험

이용 가능한 여러 종류의 보험이 있습니다. 불행하게도, 보험을 가입하기에 너무 늦은 경우를 종종 접하게 됩니다.

저는 고객들에게 접할 수 있는 자료를 모으고, 단계를 밟고, 선택 가능한 특약을 고려해서 주의 깊게 가능한 빨리 보장을 받게 권유합니다.

영구적 장애를 보장하는 보험

심장 질환, 암, 뇌졸중 등을 보장합니다. 보험금으로

- 완치까지 필요한 소득 보장
- 대출금 상환, 스트레스를 줄여 회복에 전념하게
- 가족과 함께 시간을 보내며 치료를 돕게
- 대체치료 비용
- 비싼 약값 지급
- 차, 집 그리고 생활 방식을 바꾸는 비용
- 재활 비용

등으로 사용될 수 있습니다.

이와 같은 보험을 가입할 때는 어떤 질병과 장애를 보장하는지 확실히 알아야 합니다. 적은 보험료는 보장금액이 작거나 범위가 제한적입니다.

전체적으로 보장하는 보험은 범위가 어디까지인지를 알아야 합니다. 이상적으로는 더 이상 일할 수 없을 경우 직업을 구할 때까지의 전체 비용을 다 충당할 정도가 되어야 합니다.

생명보험

생명보험은 사망, 또는 질병 말기에 거액의 보험금을 받을 수 있습니다. 당신이 없다면 가족을 누가 지원하나요? 만약 당신의 수입에만 의존하고 있다면, 또는 부동산 대출 등의 많은 빚을 지고 있다면 당신이 떠난 뒤 이자비용 등으로 고통 받을 것입니다.

생명보험은

- 수입 보장 (장, 단기)
- 장례비용 등
- 자녀의 양육비, 교육비
- 주택의 부채비용
- 신용카드, 개인부채 등의 빚
- 배우자의 사망으로 인한 은퇴부족자금

등의 자금을 보장합니다.

가족신탁이 있는 경우라면 생명보험의 수익자를 신탁으로 설정하세요. 이를 통해 부동산을 지킬 수 있습니다. 대신, 신탁 수혜자는 당신의 장례비용을 지불해야 합니다.

생명보험은 두 번째 재혼을 할 경우 에도 유용합니다. 새로운 사람을 만나 가정을 꾸리고 싶다면, 생명보험 두 개를 하나는 배우자를 위해, 하나는 아이들을 위해 가입하면 됩니다. 당신의 사후, 보험금은 즉시 아이들에게 상속됩니다.

4가지 타입 −정기보험, 양로보험, 종신보험, 그리고 투자와 연계된 상품이 있습니다. 정기보험을 제외하고, 다른 보험들은 투자상품과 결합됩니다.

정기보험

정기보험은 단순하고 보험료가 저렴합니다. 보험료를 납부할 때 까지만 보장되기 때문입니다. 적립금은 없습니다. 정기보험은 재물보험과 비슷합니다.

양로보험

양로보험은 보험과 투자의 결합 상품입니다. 만기일에는 적립금을 받으며, 그 전에 사망하게 된다면 수익자에게 보험금이 지급 됩니다.

양로보험은 때때로 특별한 장기 목적인 아이들의 교육, 본인의 은퇴를 위해 가입합니다. 양로보험은 해지환급금과 만기보험금을 가지고 있는데, 만기 이전에 찾게 되는 경우 환급금을 다 받지 못할 수도있습니다. 언제 해지하느냐에 따라, 환급금의 차이는 매우 클 것입니다.

양로보험을 해지하는 대신, 투자자나 다른 가족에게 매도할 수 있습니다. 생명보험은 유지되지만, 보험료는 타인이 납부합니다. 당신이 사망하거나 만기일에 도달하면 보험금은 옵션을 구입한 사람에게 돌아갑니다. 해지하기 보다는 다른 사람에게 매도하는 것이 더 많은 금액을 받을 수 있습니다.

종신보험

종신보험 또한 보험과 투자의 결합상품입니다. 하지만, 이 두 항목은 완전히 분리되어 있지 않아 보험과 저축이 어떻게 적용되는지 알 수 없습니다. 요즘에는 보험 부분이 투자와 저축으로부터 완전히 분리되는 추세라 매달 얼마가 어느 부분에 적립되는지, 수익률은 얼마인지 알 수 있습니다.

종신보험은 해지환급금과 만기보험금을 모두 갖고 있지만, 어느 시점에서는 만기보험금이 해지환급금 보다 적을 수 있습니다. 보험 유지기간이 짧다면 해지환급금이 납입보험료 보다 적을 것입니다.낮은 보장금액의 오래된 종신보험은 사망 시 까지 유지하여 장례비용으로 사용하는 것이 유용합니다.

투자상품과의 결합

투자상품과의 결합은 종신보험과 유사하지만, 보험료 중 얼마나 보험으로 가는지, 얼마나 투자와 저축으로 가는지 정확하게 보여주려 하는 편입니다. 주로 신규 상품과는 동떨어져 있고, 비용 문제도 복잡한 예전 방식의 상품입니다.

만약 투자 결합 상품을 가지고 있다면, 사업비와 수익률을 확인해보시기 바랍니다. 아마 거의 저축만 되고 있을 것입니다. 차라리 보장성보험과 저축성보험을 따로 드는 것이 비용 면에서 더 효율적일 것 입니다. 해지환급률이 낮을 수 있기 때문에, 상품을 바꾸기 전에 충분히 살펴본 뒤에 실행하는 것이 좋습니다.

소득보장보험

당신의 가장 큰 재산은 미래의 수입일 것입니다. 우리의 대부분은 평생 동안 10억에서 20억 원 사이의 소득을 얻습니다. 그러나 이 소득을 재난적인 영향으로 인해 상실하기도 합니다. 최악의 시나리오는 만성질환을 앓거나, 더 이상 일을 할 수 없게 되는 경우 입니다. 수입이 없을 뿐만 아니라, 가족들이 당신을 부양하기 위해 의료비용을 지속적으로 부담해야 될 수도 있습니다.

소득보장보험은 장기간병이나 장애가 발생할 경우 당신의 삶을 유지할 수 있게 하므로 생각해 볼 만한 상품입니다. 소득보장보험이 지급해주는 보험금으로

– 대출금 상환
– 식료품비
– 생활비
– 자녀 교육비 및 양육비

를 부담할 수 있습니다.

일부 사람들은 진단 및 치료비로 가능하다고 생각하지만, 중증 질환인 경우 그 비용만으로는 부족합니다.

배우자의 수입에 의존하는 것도 현명하지는 못합니다. 아이들을 돌보기 위해, 일하는 시간이 줄어들 것이기 때문입니다.

소득보장보험의 비용을 줄일 수 있는 방법으로

– 질병 진단시의 보험금을 좀 더 높게
– 대기기간을 길게 설정하는 것
– 소득보장 보험금 지급기간을 일반적인 기간보다 짧게 설정하는 등이 있습니다.

병원 비용

인구의 평균수명은 점점 증가하고 있는 추세이므로, 의료체계의 부담이 점점 강해지고 있습니다. 정부 지원금으로는 늘어나는 의료비용을 부담하기 쉽지 않으며, 긴급하지 않은 고관절, 백내장 등의 수가가 점점 낮아지고 있습니다. 결과적으로, 점점 많은 사람들이 사적 보험에 의존하고 있습니다.

가족 신탁

자산을 지키는 또 다른 방법으로 가족신탁이 있습니다. 가족신탁은 합법적으로 가족 자산을 묶어 변호사의 도움을 받을 수 있습니다.

설정하고 유지하는 데에 비용이 들지만, 각각의 자산을 신탁하는 것보다는 절약됩니다. 신탁은 관리될 수 있는 자산에 한합니다. 어떤 물건을 신탁할 것인지, 수혜자는 누구인지, 수입이 발생한다면 세금 혜택은 어떻게 되는지 기록되어야 합니다.

신탁 설정 시 세 가지 관계가 성립됩니다.

양도인 – 자산을 설정하는 사람입니다.
관리자 – 신탁 자산을 관리할 책임이 있습니다.
수혜자 – 신탁의 이익을 받는 사람입니다.

보통 신탁 양도인이 관리인이 됩니다.
신탁은 각각 소유권을 지니며, 세금 혜택이 있습니다. 자산은 신탁에 편입되며, 부채 또한 양도인에게 귀속됩니다. 관리자는 수혜자를 위해서 자산을 가장 잘 관리할 수 있는 방법을 결정합니다.

하나, 또는 여러 개의 자산을 신탁 자산으로 편입시킬 수 있습니다.

채권자로부터의 보호

채권자로부터 자산을 보호 받기 위해서 신탁을 활용하는 예가 늘어나고 있습니다. 많은 사람들이 개인 부채를 신탁으로 묶으려는 경향을 보입니다. 예를 들어, 사업상의 부주의, 일과 관련된 부채로 소송을 당할지도 모르는 상황에서 잠재적인 채권자로부터, 개인 자산을 사업용 자산에서 분리시켜 가족신탁으로 옮기는 것도 좋은 방법입니다.

가족 신탁을 만들고 싶습니까?

이런 경우 유용합니다.

- 결혼, 이혼, 사별 등의 환경이 변할 때
- 신체적으로, 정신적으로 정상적이지 못한 자녀가 있을 때
- 사업을 시작하거나 기업의 이사가 될 때
- 법적 책임을 져야 할 때
- 현재나 미래의 동업자로부터 유산을 지키고자 할 때
- 한 가족 이상을 고려할 경우

가족신탁 설정이 유리한지 아닌지는 전문가의 의견을 따라야 합니다.

어떻게 가족 신탁을 설정하나요

1. 양도자는 가족신탁의 범위, 관리자와 수혜자를 지정합니다.

2. 신탁 증서에 양도자와 관리자가 서명합니다.

3. 양도자는 자산을 신탁에 설정합니다.

4. 증서를 양도자와 관리자가 보유합니다.

5. 자산이 신탁으로 이전되었음을 인지하고(부채 포함), 양도자는 자산 가격을 설정합니다.

6. 상황에 따라, 양도자는 관리자의 수수료를 조절합니다.

만약 신탁을 설정하고자 한다면, 되도록 빨리 실행하세요. 기다리는 시간이 길어질수록 신탁 설정 하는데 걸리는 기간이 더 길어질 것입니다. 자산을 전체적으로 설정하는 데는 몇 년이 걸립니다.

재무상담사 선택하기

개인 자산을 관리하는데 가장 큰 책임은 본인에게 있지만, 전문가의 도움을 받는 것 또한 중요합니다. 중요한 조언을 받을 수도 있고, 이전 사람들의 생각을 얻을 수도 있습니다. 재무상담사는 당신이 필요한 만큼 도움을 줄 수 있습니다. 재무상담사는 당신이 신뢰할 수 있고 편안한 사람을 골라야 합니다.

좋은 상담사 찾기

세 명 또는 그 이상의 상담사와 이야기해 본 뒤 그들의 수수료와 상담할 수 있는 부분을 들어보고 본인의 전담 상담사를 결정하세요.

특정 부분에 대해 서비스를 받기를 원한다면, 1차 미팅을 진행해 보세요. 이 미팅의 목적이 상담사의 서비스 이용 여부에 대한 결정을 위한 것이라면 수수료를 지불하지 않을 것입니다.

1차 미팅에서 상담사의 상담 방법과 절차, 상담사의 자격과 경험 등이 작성된 문서를 받아 보세요.

첫 만남 때 물어보길 권유하는 16개의 질문이 있습니다.

1. 얼마나 일하셨나요?
2. 당신의 자격과 경험은?
3. 전문가 집단이 있습니까?
4. 당신이 소속된 회사에 투자를 조언해주는 조직이 있습니까?
5. 당신 또는 회사가 상품이나 서비스를 제공하는 다른 회사와 관련이 있나요?
6. 서비스의 범위는 어디까지인가요?
7. 당신이 조언해 줄 수 없는 범위는 어디인가요?

8. 서면으로 작성 가능한가요?

9. 비용은 얼마나 드나요?

10. 투자 상품을 권유했을 때, 상품에서 창출되는 수수료는 얼마인가 요?

11. 상담에 본격적으로 들어가기 전, 대략적인 상담 수수료를 알 수 있을까요?

12. 어떤 방법을 이용하여 정보를 조사하나요?

13. 시장 상황을 어떻게 보세요?

14. 배상보험에 가입되어 있나요? 범위는 어디까지인가요?

15. 감독을 누가 하나요?

16. 상담 내용이 마음에 들지 않는다면 누구에게 이야기해야 하나요?

질문에 대한 답을 많이 할수록 당신에게 많은 것을 조언해 줄 수 있는 상담사 입니다.

어떤 서비스가 제공 되나요?

상담사를 선택 했다면, 기대할 수 있는 내용으로

– 개인적인 상황, 재정상황, 목표 등 다양한 질문을 할 것입니다. 각각의 질문을 통해 좋은 답을 낼 수 있을 것입니다.

– 상담사는 명확한 답변을 위해 제안서를 만들 것입니다.

- 보고서에는 추가적인 비용이 명시될 것입니다. 선불비용, 부가비용 또는 둘 다일 수도 있습니다.

- 상담사는 모든 부분에 대한 법적 책임이 있습니다.

- 상담사가 투자 포트폴리오를 관리한다면, 정기적으로 보고서를 받아야 합니다. 정보가 담겨 있어야 하고, 이해하기 쉬워야 합니다.

가능한 한 모든 정보를 상담사에게 요구해야 하고, 상담이 계속 진행 중이라면 본인의 변화하는 상황을 지속적으로 이야기해 주어야 합니다. 밝히기 싫은 부분이 있다면 이를 상담사에게 알리세요. 하지만 알리지 않은 부분이 상담에 영향을 줄 수 있다는 것도 알아야 합니다.

만약 상담이 불편하거나 만족스럽지 못하다면, 지속하지 마세요. 상담사가 당신의 요구 사항을 정확하게 인지하지 못할 수도 있으며, 당신에게 조언해줄 충분한 정보나 경험이 없을 수도 있습니다. 단순한 대답을 원하는데 복잡하게 설명한다면, 본인이 느끼는 감정을 표현하세요.

당신의 재정은 결국에는 본인 책임입니다. 현재의 정보에 입각하여, 본인이 결정을 내리세요.

본인의 재정 상황을 다른 사람의 책임으로
전가하지 마세요

당신의 돈 기질

초판인쇄	2014년 11월 15일
초판발행	2014년 11월 20일
지은이	Liz Koh
편역인	정동훈
발행인	방은순
펴낸곳	도서출판 프로방스
표지 & 편집 디자인	Design CREO
마케팅	최관호
ADD	경기도 고양시 일산동구 백석2동 1301-2
	넥스빌오피스텔 904호
전화	031-925-5366~7
팩스	031-925-5368
이메일	provence70@naver.com
등록번호	제396-2000-000052호
등록	2000년 5월 30일
ISBN	978-89-89239-92-5 03320

정가 14,800원

파본은 구입처나 본사에서 교환해드립니다.

도서출판 프로방스 주요 도서목록

김현용 · 이원선 공저
192면/15,800원

금융산업은 정보의 비대칭에서 오는 우위를 한동안 누려온 것이 사실이다. 그러나 숨겨진 비용과 투자 위험, 세금과 대한 과장된 공포 마케팅에 대해 현명한 금융 소비자들이 알아채기 시작했다. 재무설계사는 여전히 정보의 사각지대에 놓인 이들이 더 이상 시행착오를 겪지 않게 하기 위해 존재해야 한다. 필자는 소비자들에게 현명해지기 위해서 좋은 재무설계사를 찾고, 그들을 적극적으로 활용하라고 조언한다. 이 책을 통해 일반인들은 현명한 금융소비자가 될 수 있는 안목을, 재무설계사 지망생들은 재무설계사의 세계를 미리 엿볼 기회를 갖게 될 것이다.

정동훈 이상호 지음
264면/값 15,000원

이 책은, 뿌리가 사과나무인데 노력하면 감을 얻을 것이라고 말하지 않는다. 먼저 내뿌리가 무엇인지 발견하도록 안내 할 것이다. 당신의 삶에서 가장 소중한 것이 무엇이고 그것을 실현시키는데 재정관리의 초점을 맞추도록 도울 것이다.

이우각 지음
296면/값 13,000원

이 한 권의 책이 많은 이들의 생각과 인생을 바꾸 먼 후일 자신의 성공과 이웃의 자랑거리를 차곡차곡 쌓아놓게 되기를 진심으로 바란다. 먼 길을 걷는 데는 단 한 켤레의 신발이면 족하다. 어둡고 무서운 긴동굴을 무사히 빠져나가려면 무엇보다도 등불이 필요하다. 이 한 권의 책이 먼길을 걷는 신발이 되고 동굴을 통과하는 등불이 되기를 바란다. 그리고 우리시대의 '아픈' 십대, '아픈' 청춘들에게도 무지개 곱게 뜬 높은 하늘이 멋들어지게, 희망차게 펼쳐지기를 진심으로 바란다.

조창이 안현진 지음
240면/값 20,000원

이 책은 휴양림에서 즐기는 일반적인 숲체험 내용을 바탕으로 엮었습니다. 최근들어 어디든 숲을 찾는 이들이 많아졌습니다. 산림청에서는 산림휴양서비스의 일환으로 산림치유 프로그램 등 다양한 산림문화로 숲을 찾는 이들에게 즐거움을 주고 있습니다.

이영주 지음
224면 / 값 15,000원

이 교재는 재무설계를 시도하면서 많은 고민을 하고 있는 재무설계사들에게 보다 쉽고 보다 간편한 방법으로 재무설계를 실행할 수 있도록 도움을 주기 위해 만들었다. 재무설계 프로세스 6단계를 원칙대로 준수하면서도 재무설계 교재들의 이론적이고 딱딱한 내용이 아닌 현장에서 바로 적용할 수 있는 생생한 내용들을 담았다. 필자가 5년여 동안 재무설계 상담을 하면서 경험한 내용들을 바탕으로 '어떻게 하면 고객을 상담 테이블에 앉힐까?', '어떻게 하면 고객의 마음을 움직여서 재무설계를 실행하도록 할까?'에 대한 실제적인 답을 제시하고자 했다.

김현용 지음
400면 / 값 18,000원

재무상담실에선 어떤 이야기가 오고 갈까? 내 동료는 재무상담을 통해 어떤 고민을 털어놓을까? 재무설계사는 그런 고민들을 어떻게 풀어갈까? 저금리, 고령화의 화두를 뛰어 넘어, 구체적인 재무상담 사례를 통해 이 시대를 살아가는 우리 자신의 생생한 고민들이 이 한 권에 담겨 있다. 또한 4년에 걸친 오프라인 수업을 통해 검증된 재무설계학교 최신 수업내용의 일부도 살짝 공개한다. 한국FP협회가 주관하는 'Best Financial Planning Contest'의 2011년 수상자인 저자와 함께, 재무상담의 실제 현장을 엿보는 소중한 경험을 통해 독자들 한 분 한 분이 '현명한 금융소비자'로 거듭날 수 있기를 기대해본다.